APUNTES
DE
DERECHO CIVIL PATRIMONIAL

Joaquín Rams Albesa
Rosa María Moreno Flórez
José Ignacio Rubio San Román

APUNTES DE DERECHO CIVIL PATRIMONIAL

Instituto de Derecho Comparado

Dykinson, S.L.

Editorial DYKINSON, S.L.
Meléndez Valdés, 61 - 28015 Madrid
Teléfono (+34) 915442846 - (+34) 915442869
e-mail: info@dykinson.com
http://www.dykinson.es

http://www.dykinson.com

Consejo Editorial véase www.dykinson.com/quienessomos

ISBN: 978-84-9772-290-2

Depósito Legal:

Preimpresión:
Besing Servicios Gráficos, S.L.

besing@terra.es

Los autores de la presente obra hemos decidido confeccionar los presentes **Apuntes de Derecho Civil Patrimonial** con la exclusiva finalidad de facilitar la comprensión por el alumno de una materia que, en el contexto específico del Grado en Relaciones Laborales, que se ha contemplado de forma harto limitada cuando requeriría de un mayor desarrollo, pero no perdemos el tiempo en expresar una protesta que iría en contra del sentir general de nuestro tiempo que ha optado por lo superficial disfrazándolo de práctico. Es evidente, naturalmente desde otra perspectiva menos utilitarista, que el Derecho Civil constituye el elemento vertebrador de cualquiera de las ciencias jurídicas y por ello es preciso dotar al alumno de un material proporcionado al tiempo de que dispone y sin riesgo de incurrir en errores graves y difícilmente corregibles estudiando la materia sin una guía que evite los siempre peligrosos apuntes manuscritos tomados en clase a vuelapluma y con oído poco o nada entrenado para escuchar una explicación jurídica.

Se trata de unos **Apuntes**; es decir, de un elemento meramente auxiliar de la docencia, que, en su consecuencia, no viene ni a sustituir la explicación oral del profesor en una enseñanza presencial, ni a desalojar en la mesa de trabajo del estudiante de un buen manual, ni a evitar su uso. Los presentes **Apuntes** pueden prestar los primeros auxilios de reconocimiento del problema propuesto en las prácticas y sus clases de desarrollo. Su función no es otra que la aquí descrita, auxiliar y favorecer la función siempre ardua de aprender contenidos y conceptos nuevos y evitar la aparición de errores en el sistema de transmisión de los contenidos de la asignatura. También es notorio que unos buenos **Apuntes** facilitan los repasos finales de una materia a la hora de rendir un examen.

Los presentes **Apuntes**, en una versión anterior de la que traen causa, ya han prestado comprobados y útiles servicios de orientación y de identificación de las cuestiones que en cada caso se tratan a los profesionales de la intermediación financiera y en la atención bancaria inmediata a los clientes directos, cuando no es oportuno ni hay tiempo para acudir a la asesoría jurídica, siempre distante de la oficina abierta al público. No dudamos de que aquí prestarán la misma utilidad.

Los autores

ÍNDICE

Introduccion
NORMA, ORDENAMIENTO, DERECHO CIVIL

I. EL DERECHO

1. Concepto

El hombre es un ser esencialmente social. No ha vivido nunca solo; siempre se nos presenta en comunidad con sus semejantes. Esta convivencia social tiene que estar ordenada de alguna manera, como condición necesaria para que sea posible. Si un hombre quita con violencia algo a su vecino, o le ofende en su honor o le daña en su persona o propiedad, no se podrá pensar en la convivencia amistosa entre ellos, ni tampoco entre el grupo humano de que forme parte.

Es preciso un orden que determine la conducta normal de los hombres en sus relaciones sociales; orden que determine cuál ha de ser el interés protegido de entre los varios que se encuentran en conflicto, y que ello se imponga, dentro de la organización social determinada.

La finalidad del Derecho es la de servir a esa exigencia de orden, condición necesaria de la convivencia.

Se ha definido al Derecho como "la reglamentación organizadora de una comunidad". Reglamentación que ha de estar *legitimada* en la justicia, en la moral, en el bien común. Una norma o regla de conducta que no tenga tal legitimación, no será norma jurídica aunque un poder político pueda darle la forma externa de tal.

Se deduce, de las anteriores consideraciones, cómo las instituciones jurídicas son una variedad de la organización social. Por ello, la ciencia del Derecho es una de las ramas de la ciencia social. El Derecho es, pues, una regla de conducta para el hombre. Una *norma,* ya que norma es toda regla de conducta.

El Derecho es el conjunto de normas que regulan la organización y funcionamiento de un Estado, conformado según las estructuras, valores y medios de defensa jurídica que establezca la Constitución.

2. Derecho Objetivo y Derecho Subjetivo

Otra cuestión distinta hace referencia a los diferentes significados que puede tener la palabra «derecho». Así, fundamentalmente se habla de *derecho objetivo* y de *derecho subjetivo.*

Se habla de **derecho objetivo** cuando se alude al conjunto de normas que configuran el ordenamiento jurídico de una comunidad.

Se habla de **derecho subjetivo** como facultad o poder de un sujeto, teniendo como base una norma jurídica, en cuya virtud se pueda hacer alguna cosa o dejar de hacer algo, o exigir de otros, bien cosas o que sigan una determinada conducta. Son, en definitiva, *facultades* del individuo derivadas del derecho objetivo.

No se trata de dos clases del concepto *«derecho»,* sino de considerar éste desde dos puntos de vista distintos. La palabra *«derecho»* tiene, entre otras, esa doble acepción.

II. LA NORMA JURÍDICA

1. Concepto

Se ha dicho que el Derecho está integrado por un conjunto de normas. Pues bien, esas reglas de conducta para el hombre, cuya finalidad específica es el ordenar la vida social, son las **normas jurídicas.** Su fin es ordenar, reglamentar la vida social de los hombres, organizando, de acuerdo con los principios inmutables de justicia y libertad, su vida en comunidad.

La norma jurídica es el instrumento básico utilizado por un sistema jurídico para el desarrollo de sus fines.

La norma jurídica es el mandato dirigido a obtener de sus destinatarios una determinada conducta o comportamiento.

En relación con esto se llama **Ordenamiento jurídico** al sistema de normas y a las normas singularmente consideradas que regulan la vida social de una comunidad; al derecho objetivo vigente en un pueblo. Así puede hablarse del Ordenamiento jurídico español, queriendo indicarse todo el conjunto de normas vigentes en un momento dado en España.

2. Elementos

Dentro de la norma jurídica se pueden distinguir:

A. Sujeto

Es la persona o personas a las que va dirigido el mandato contenido en la norma. Habitualmente la norma va dirigida a una pluralidad indeterminada de sujetos.

B. Objeto

Es lo que la norma declara obligatorio, permitido o prohibido. Así, cuando alguien recibe un préstamo la norma aplicable obliga a su devolución al prestamista.

C. Supuesto de hecho

Toda norma debe señalar qué, cuándo, dónde y cómo hay que realizar el comportamiento establecido en la misma.

D. Sanción

Para que la conducta prevista en la norma pueda ser exigible, habitualmente llevan aparejada una sanción para el caso de incumplimiento. Esta sanción puede ser de diferente forma como, por ejemplo, indemnizar daños y perjuicios.

3. Clases

Aunque se podría hacer alusión a muchas clasificaciones de las normas jurídicas, a partir del marco constitucional,de Derecho dispositivo y Derecho necesario, Derecho general y particular, Derecho normal y excepcional, etc., aquí sólo nos referiremos a la distinción fundamental de las normas que es la que las divide en **normas de Derecho Público y normas de Derecho Privado,** con el fin de situar aquéllas que constituyen el objeto del Derecho Civil.

Para llegar a comprender esta división, hay que observar cómo los hombres son destinatarios de las normas no sólo como seres individuales, sino que también están unidos en múltiples conjuntos organizados, en los cuales domina la voluntad de los hombres reunidos y, por tanto, capaces jurídicamente, pudiendo, en consecuencia, ser calificados de entes colectivos. Si están organizados por el Derecho mismo (no por el arbitrio privado) en interés general, se denominan *entes colectivos públicos.*

Entre estos sujetos de potestad pública, el de mayor importancia es el *Estado.* El ente colectivo al que compete, dentro de un determinado territorio, el poder independiente y no derivado de otro poder superior. Esta jerarquía repercute en las relaciones jurídicas en que como tal Estado interviene, *estando en ello la base más clara de la distinción del Derecho objetivo en Público y Privado.*

A. Derecho Público

Por tanto, Derecho Público es el que regula las relaciones de los entes colectivos públicos (la Administración del propio Estado, las Comunidades Autónomas y los diversos Entes Locales) en cuanto tales, ya entre sí, ya con sus miembros. En cambio, allí donde el ente colectivo entra en relaciones semejantes a las que se producen entre los hombres individualmente considerados (por ejemplo, como acreedor, deudor, propietario, heredero) no se trata de Derecho Público, sino de Derecho Privado.

B. Derecho Privado

El Derecho Privado regula las relaciones jurídicas de los individuos y las entidades privadas (Asociaciones, Sociedades y Fundaciones) y las relaciones de éstos con los entes públicos, siempre que éstos últimos no ejerzan en la relación funciones de poder político o soberano, pues si así fuera la norma aplicable sería de Derecho Público.

El Derecho Privado, que tiene un carácter más unitario que el Derecho Público, aglutina, básicamente, dos ramas o grupos de normas: las del Derecho Civil y las del Derecho Mercantil.

III. EL DERECHO CIVIL

1. Concepto

No es fácil, precisamente por lo amplio de su significado, reunir en el pequeño marco de una definición el concepto de Derecho Civil, centro del Derecho privado y muy unido a la realidad social por referirse a las instituciones más comunes a los hombres.

Es la rama del Derecho en que más se acusa su función organizadora de la vida íntima de un pueblo, al regular, de un modo inmediato, el puesto y significado jurídico de la persona y de la familia en la vida; por ello, para dar una idea de su concepto, será preferible acudir a una enumeración de su contenido.

El Derecho civil es aquel derecho donde se regulan la persona, los actos jurídicos privados, la organización de la familia y la de la propiedad privada.

La generalidad del Derecho Civil presenta un doble aspecto: regular las doctrinas generales del Derecho Privado y, también, las instituciones más generales a todos los hombres. Reglamenta todo lo concerniente a la persona y a su estado jurídico, la familia, el derecho de sucesiones, la organización del poder económico de la persona, el derecho sobre las cosas, y la organización y las relaciones jurídicas del tráfico: obligaciones y contratos. Es decir, las instituciones más comunes de la colectividad.

2. El Código civil

En el Código civil español se encuentran recogidas las normas básicas del Derecho Civil, aunque haya otras Leyes que también contienen normas de Derecho Civil (Ley Hipotecaria, Ley de arrendamientos urbanos, Ley de arrendamientos rústicos, entre otras).

El Código civil es el resultado de una larga evolución histórica, teniendo como antecedente remoto las normas de los diferentes Derechos existentes en España antes de la publicación del Código.

La primera edición del Código civil es de 24 de julio de 1889, vigente en la actualidad, aunque haya sufrido diferentes reformas. Lo remoto de su fecha no supone falta de adecuación a la realidad actual, siendo perfectamente aplicables hoy todas sus normas.

Las sucesivas reformas del mismo han obedecido a la necesidad de su adaptación a los cambios sociales que se han ido produciendo en la sociedad española.

De estas reformas, las principales son:

- ✓ Ley de 24 abril de 1958, que afectó a la adopción, regulación del matrimonio y capacidad de la mujer casada.
- ✓ Decreto de 31 de mayo de 1974, que modificó el Título Preliminar, en lo relativo, sobre todo, a las fuentes del Derecho y aplicación de las normas.
- ✓ Ley de 2 de mayo de 1975, modificó, entre otras materias, la que afectaba a la capacidad de obrar de la mujer casada.
- ✓ Leyes de 13 de mayo y 7 de julio de 1981, que introdujeron grandes modificaciones en materia de filiación, patria potestad, régimen económico del matrimonio y procedimientos de nulidad, separación y divorcio.
- ✓ Ley de 24 de octubre de 1983, sobre reforma de la tutela.
- ✓ Ley de 11 de noviembre de 1987, nuevamente sobre reforma de la adopción y la Ley de 28 de diciembre de 2007 sobre adopción internacional.
- ✓ Leyes de 17 de diciembre de 1990 y de 2 de noviembre de 1995, reformaron la materia relativa a la nacionalidad.

- ✓ Ley Orgánica de 15 de enero de 1996, de Protección Jurídica del menor, y modificó el Código civil en numerosos aspectos relativos a menores.
- ✓ Ley Orgánica de 10 diciembre de 2002, sobre sustracción de menores.
- ✓ Ley de 9 de julio de 2003, Concursal.
- ✓ Ley de 1 de julio de 2005, sobre derecho a contraer matrimonio.
- ✓ Ley de 8 de julio de 2005, se modifica el Código en materia de separación y divorcio.

3. El Derecho Civil español. Derechos Civiles forales o especiales

Como ya se ha señalado, una de las circunstancias que conforman históricamente nuestro Derecho Civil es la coexistencia de Ordenamientos Jurídicos diferentes; en un momento histórico determinado coexistían en el territorio español el denominado Derecho de Castilla, con los Derechos de Aragón, Cataluña, Mallorca y Navarra.

Posteriormente en el proceso de codificación (elaboración y redacción del Código civil) se plantea un problema con los juristas de las regiones forales (País Vasco, Cataluña, Aragón, Navarra, Mallorca, fundamentalmente, a los que se han añadido Galicia y Valencia) que pretendían que sus Derechos apareciesen contemplados en el Código y no sólo el Derecho de Castilla.

Estos derechos reciben el nombre de **forales** dado que tenían fueros propios y eran aplicados en esas regiones con carácter preferente a cualquier otro Derecho.

Al publicarse el Código civil se estableció, como fórmula de compromiso, la promulgación de Apéndices (como Leyes) del Código civil que contuvieran todas aquellas instituciones de los diferentes Derechos forales que conviniese conservar. El sistema no tuvo demasiado éxito en la práctica, y supuso la imposibilidad de renovación o actualización de sus normas.

Tras una agitada historia, los juristas y las Instituciones Públicas, llegaron al acuerdo de pervivencia de los Derechos particulares de los antiguos territorios con Derecho propio y, en su consecuencia, aparecieron como Derechos Civiles propios, a través de Compilaciones, los de: Vizcaya y Álava, Cataluña, Baleares, Galicia, Aragón, Navarra y Valencia.

Con la promulgación de la Constitución de 1978, la cuestión de los Derechos forales se plantea desde una nueva perspectiva y sobre unas nuevas bases jurídico-políticas. Los Derechos forales son amparados y respetados por la nueva Constitución (Disposición adicional primera).

Consecuencia de ello es el reconocimiento a las diferentes Comunidades Autónomas (no a todas, sino sólo a aquéllas con Derecho Civil foral antes de la entrada en vigor de la Constitución) de competencias legislativas en materia de Derecho Civil foral, estableciéndose que la actualización de dicho Derecho foral se llevará a cabo, en su caso, en el marco de la Constitución y de los Estatutos de Autonomía.

Por la aplicación del art. 149 de la Constitución, al delimitar qué materias son objeto exclusivo de legislación por el Estado, se ha entendido que *la conservación, modificación y desarrollo por las Comunidades Autónomas de los Derechos civiles, forales o especiales, allí donde existan* supone la existencia de un Derecho Civil pleno, con las excepciones que el mismo precepto constitucional señala.

En todo caso, el Código civil tendrá, en esas Comunidades Autónomas la consideración de Derecho supletorio. O lo que es lo mismo: en algunas Comunidades Autónomas solo se aplicará el Derecho contenido en el Código Civil cuando no haya norma de Derecho Civil foral o espacial aplicable.

IV. LAS FUENTES DEL DERECHO

1. Concepto

El término «*Fuentes del Derecho*» hace referencia al procedimiento establecido para producir normas, siguiendo en el proceso de elaboración un método determinado.

Se utiliza este término en un doble sentido: de un lado quién tiene la facultad de crear normas, y de otro cuál es el procedimiento específico para crearlas.

En este sentido, y de acuerdo con el art. 1 del Código civil (en adelante C.c.) son fuentes del Derecho la Ley, la costumbre y los Principios Generales del Derecho. La costumbre regirá sólo en defecto de Ley aplicable y a falta de Ley y costumbre se aplicarán los Principios Generales del Derecho.

La Jurisprudencia no tiene carácter de fuente propiamente dicha, si bien complementará el ordenamiento jurídico con la doctrina que, de modo reiterado, establezca el Tribunal Supremo al interpretar y aplicar la Ley, la costumbre y los Principios Generales del Derecho.

2. La Ley

En su sentido más amplio, es toda norma de Derecho. Pero, en un sentido más estricto, como fuente del Derecho,

> ***La ley es la norma positiva de origen estatal o, en su caso, autonómica, que se hace pública de forma escrita y dotada de ciertas solemnidades.***

La solemnidad en su declaración no quiere decir otra cosa sino que ha de elaborarse, promulgarse y ser publicada por quien y con las formalidades y requisitos ordenados en las leyes.

La *Ley* es una norma jurídica, y de aquí, y aparte de los requisitos formales que la caracterizan y distinguen de las demás, mantiene sus caracteres de *generalidad* y de *obligatoriedad,* comunes para toda clase de preceptos de Derecho.

Las leyes suelen clasificarse según su jerarquía, que implica el orden de importancia de las mismas. Así nos encontramos con:

- La Constitución de 1978.
- Las Leyes Orgánicas, que regulan materias especialmente determinadas en la Constitución, en especial Derechos fundamentales y Estatutos de Autonomía.
- Las leyes Ordinarias, emanadas de las Cortes Generales, como las anteriores, porque las Cortes Generales tienen la potestad

legislativa, o por los Parlamentos Autonómicos dentro de sus especificas competencias.

- Los Reglamentos, son disposiciones dictadas por el Gobierno para completar el desarrollo de las Leyes.

A. Potestad de dictar leyes

La elaboración y aprobación de las Leyes es misión de los Parlamentos, Cortes Generales, y de los Parlamentos de las Comunidades Autónomas en las materias que les competan.

B. Publicación de la ley. Momento en que entra en vigor

La Ley ha de ser publicada, para que los destinatarios de la misma no puedan alegar su ignorancia y se les pueda exigir su cumplimiento.

En todas las legislaciones se señala un plazo entre el momento de la publicación de una Ley y el instante del comienzo de su vigencia (a partir de qué momento debe ser cumplida). A ese período de tiempo se le denomina vacación de la Ley *(vacatio legis).*

En España las leyes se publican en el *Boletín Oficial del Estado,* y entrarán en vigor a los veinte días de su publicación, si en ellas no se dispusiera otra cosa (art. 2.1 del C.c.). Por tanto ese plazo puede ser acortado por razones de urgencia, o alargarlo, para facilitar con ello el tránsito de una disposición a otra.

Esta disposición no sólo se refiere a las Leyes en sentido estricto, sino que comprende, además de éstas, a los Reglamentos, Decretos y Órdenes ministeriales dictadas por el Gobierno en uso de sus facultades.

C. Derogación

El término derogación significa cesación de eficacia de una Ley y, en general, de cualquier norma jurídica.

Las Leyes sólo se derogan por otras Leyes posteriores, pero hay que tener en cuenta la jerarquía normativa: una norma de rango superior no puede ser derogada por otra de rango inferior.

D. La irretroactividad

Esta cuestión está en relación directa con la derogación de una Ley por otra posterior.

Una Ley puede disponer tan sólo para los hechos que se produzcan a partir del momento de su entrada en vigor, o, por el contrario, afectar jurídicamente a hechos y situaciones anteriores a dicho momento. En este supuesto, la Ley tiene carácter retroactivo, siempre excepcional; en el primero, no.

El principio general es el de la *irretroactividad* de las Leyes, ya que en él descansa la seguridad del tráfico; es decir, la regla general es que las Leyes regulan las situaciones que se produzcan a partir del momento de su entrada en vigor, no las anteriores.

Solamente como excepción del principio de irretroactividad, y por razones de interés general, se puede admitir la retroactividad de una norma. Esta facultad de dotar de retroactividad a una norma le incumbe al legislador.

El artículo 2.3 del Código Civil establece que "*las leyes no tendrán efecto retroactivo si no dispusiesen lo contrario*".

3. La costumbre

La costumbre se puede definir como la norma creada e impuesta por el uso social. Al propio tiempo surge por una repetición de actos, que la opinión de una determinada colectividad acata como obligatoria. Es decir, se exterioriza por medio de la conducta de determinados hombres.

Además de lo anterior, la costumbre es norma no formalizada por escrito y no emana del poder estatal.

Hay dos elementos que configuran la costumbre:

✓ De un lado, esos actos, donde se expresa la costumbre.

✓ De otro, la convicción, sentimiento, voluntad, opinión, que hace desprender de aquellos actos una norma jurídica.

4. Los Principios Generales del Derecho

Son las normas de carácter general que contienen las directrices de un sistema jurídico.

De acuerdo con el art. 1 del Código civil, los Principios Generales del Derecho, además del carácter informador del Ordenamiento Jurídico, se aplicarán en defecto de Ley o de costumbre.

Pueden señalarse las siguientes notas caracterizadoras de los Principios Generales del Derecho:

A. Son elementos auxiliares para completar y esclarecer el Derecho vigente.
B. Suplen la falta de Ley o costumbre aplicable a un caso concreto.
C. Son todos los del Ordenamiento jurídico y no sólo los del Código civil.
D. Son algo más, pues su función real es la de vertebrar el sentido del conjunto de normas, que reglas de interpretación.

Los Principios Generales de Derecho hacen referencia a un específico Sistema jurídico en el contexto de una cultura determinada, en tanto que los Principios Generales del Derecho hacen referencia a un concreto Ordenamiento jurídico, en este caso, el nuestro.

5. La Jurisprudencia

Es la doctrina creada por Jueces y Tribunales en su constante aplicación del Derecho.

No constituye Fuente del Derecho en el sentido a que nos venimos refiriendo. Sirve para informar y complementar el ordenamiento jurídico, pero para cumplir estas dos funciones debe reunir, como requisitos:

A. Que la doctrina emanada, es decir, el contenido de las Sentencias, los criterios expresados en ellas, sean constantes y se mantengan en un número mínimo de Sentencias.

B. Que esos criterios, esa doctrina, sea la base del fallo de la Sentencia, y no sólo comentarios o argumentaciones marginales.

En ocasiones esa Jurisprudencia tiene sentido de interpretación de normas; sirva como ejemplo la Sentencia del Tribunal Constitucional 222/1992, de 11 de diciembre, relativa a la interpretación del art. 39 de la Constitución, sobre el concepto de familia.

V. REFERENCIA A LAS NORMAS DEL DERECHO DE LA UNIÓN EUROPEA. LOS TRATADOS INTERNACIONALES.

Hemos querido hacer aquí una referencia a estas normas por la incidencia que tienen en los diferentes Ordenamientos jurídicos de los Estados.

La integración de España en las Comunidades Europeas mediante el Tratado de Adhesión de 12 de junio de 1985, ha supuesto la atribución de diversas facultades a las Instituciones comunitarias respecto de nuestro país, que suponen la aplicación en el mismo del llamado Derecho comunitario en las materias y esferas delimitadas por el Tratado de adhesión.

El Derecho Comunitario es un Ordenamiento Jurídico propio aplicable tanto a los Estados miembros como a los nacionales de los mismos.

La Unión Europea cuenta con una estructura institucional propia, reflejo del carácter específico de la propia Comunidad en cuanto Organización Internacional dirigida a la consecución de la unidad europea.

El sistema institucional comunitario obedece a una división de poderes distinta de la tradicional en la que unos órganos están encaminados a la protección de intereses comunes y por tanto supranacionales (Comisión, Parlamento Europeo), mientras que otros (Consejo) tienen por objeto la defensa de los intereses nacionales.

El Derecho comunitario está compuesto por el llamado Derecho originario, constituido por los Tratados Fundacionales, y por el Derecho derivado integrado por las normas que los distintos órganos de las Comunidades adoptan para el ejercicio de sus competencias y la consecución de sus funciones.

En este último se pueden distinguir las siguientes disposiciones:

- Los Reglamentos. Son obligatorios en todos sus elementos y directamente aplicables en cada Estado miembro. Son de aplicación preferente a la legislación interna de los Estados miembros y no tiene otras limitaciones que las derivadas de los Tratados fundacionales. Se trata de "super Leyes".
- Las Directivas. Obligan al Estado miembro destinatario en cuanto al resultado que deba conseguirse dejando, sin embargo, a las autoridades nacionales la determinación de la forma y los medios.
- Las Decisiones. Obligan a sus destinatarios en todos sus elementos. Se diferencian de las Directivas en que pueden tener por destinatarios a particulares.
- Los Dictámenes y las Recomendaciones. No tienen carácter vinculante.
- El Tratado de Lisboa de 2009 ha superado la condición que tenían los anteriores de tratados organizativos, para servir de base a un texto constitucional.

En todo caso, el Derecho Comunitario tiene primacía respecto del Derecho interno de cada uno de los Estados miembros. Cada Estado está obligado a modificar sus normas internas para adecuarlas a las normas del Derecho Comunitario.

Los Tratados Internacionales suscritos y publicados por España, de conformidad con la Constitución y el art. 1.5 del Código Civil forman parte del Ordenamiento jurídico español. Además la Declaración de Derechos del Hombre y del Ciudadano de Naciones Unidas y los Tratados de la Unión Europea sobre Derechos y Libertades y la Declaración Europea de Derechos Humanos del Consejo de Europa forman parte directa de los Derechos fundamentales de los españoles, por lo que las declaraciones jurisprudenciales relativas a los mismos son de aplicación directa.

Tema I
EL DERECHO SUBJETIVO. LA REPRESENTACIÓN

I. EL DERECHO SUBJETIVO

1. Concepto

El derecho subjetivo, se caracteriza por el *poder* que se reconoce a las personas para poder actuar con eficacia en la vida de relación y en la organización del tráfico, teniendo como fundamento las normas jurídicas.

El titular de un derecho subjetivo reclama su derecho como algo que le es propio, *suyo,* como algo que se le debe. Cuando A debe a B una cantidad de dinero, B tiene *la facultad* de pedir que se le pague. Si A paga, se extingue el derecho de B; si no paga, B no puede tomarse la justicia por su mano, pero se encuentra protegido y, en consecuencia, tiene facultad para dirigirse y poner en marcha el mecanismo coactivo de la norma y conseguir así el pago. A esta facultad se la denomina *acción.* Mediante el ejercicio de la *acción,* B conseguirá una sentencia condenatoria de A, ejecutiva contra su patrimonio, ya que el patrimonio de la persona responde del cumplimiento de todas sus obligaciones.

Los hombres en su vida de relación, en esas relaciones que el Derecho contempla y regula, aparecen o reclamando o debiendo. Son, pues, elementos fundamentales en este campo de la vida los conceptos de derecho subjetivo y deber jurídico, que en la realidad aparecen siempre contrapuestos.

El Derecho subjetivo significa una facultad o poder que se le ofrece al individuo como derivación de los preceptos del derecho objetivo.

2. Clases

Haremos una breve referencia a los tipos fundamentales de derechos subjetivos.

A. **Derechos reales.** Son derechos que recaen, básicamente, sobre una cosa física y por ello se denominan derechos sobre cosas o derechos reales.

El más amplio de todos es la propiedad, que contiene el pleno y exclusivo dominio de una cosa, con los únicos límites que establezcan los preceptos legales o legítimos derechos de terceros.

Los demás derechos reales confieren un poder restringido, y por recaer de ordinario sobre cosas de propiedad de otro, se denominan derechos reales sobre cosa ajena, como por ejemplo el derecho de usufructo (usar y disfrutar de una cosa ajena).

Otra especie de derechos reales es la de los llamados derechos de garantía, que contienen la facultad de realizar el valor de una cosa sujeta al cumplimiento de una obligación, en el caso de que ésta no se cumpla, para obtener una suma de dinero que cancele la obligación garantizada. Son, fundamentalmente, el derecho de prenda y el derecho de hipoteca.

También hay que contar entre los derechos reales la *posesión*, que es el poder de hecho sobre una cosa. El poseedor se halla protegido contra los ataques violentos de otras personas, aun los del mismo propietario. Pero su situación jurídica es provisional: tiene que rendirse ante el propietario cuando éste hace valer su derecho.

B. **Derechos de crédito**, llamados también derechos personales o de obligación. El objeto del crédito no son las cosas, sino que es el patrimonio del deudor, de quien el acreedor puede exigir una prestación. Aunque la prestación consista en la entrega de una cosa, el acreedor tiene simplemente el derecho a que el deudor se la entregue. La efectividad de un crédito se hace valer de ordinario mediante una acción: la Sentencia que pone fin a esa acción da al acreedor el derecho de dirigirse contra el patrimonio del deudor, que así responde de sus obligaciones. Tras la persona del deudor se halla, pues, su patrimonio, ya que del cumplimiento de la obligación responde el obligado con todos sus bienes presentes y futuros.

C.-Junto a estos dos grupos bien delimitados se señala otro que agrupa aquellos **derechos derivados de las relaciones familiares.** Las relaciones jurídicas familiares dan lugar a un complejo de derechos, unos de carácter real y otros de carácter personal, que es causa de que se les agrupe en sector independiente, cuando se trata de trazar una agrupación sistemática de la multiplicidad de los derechos subjetivos.

D.-También la autonomía de la voluntad, con las limitaciones previstas en el art. 1255 C.c., no solo es fuente de Derechos subjetivos sino la más frecuente fuente de generación de los mismos.

3. Ejercicio de los derechos subjetivos

Conforme al art. 7,1 del C.c. los derechos subjetivos se han de ejercitar *conforme a las exigencias de la buena fe*; es decir, no se parte del viejo concepto de presunción de la buena fe y de ignorancia, sino de un ejercicio consciente del derecho, con la diligencia que sea precisa para ejercitarlo.

Ahora bien, sigue rigiendo el principio general propio del Derecho Romano de que "quien ejercita su propio derecho, con los requisitos antes expresados, a nadie daña"; aunque el que está en posición pasiva sea incomodado o perjudicado. La incomodidad o el perjuicio no deben de ser buscados, pues si esto ocurre así se incurre en el supuesto del abuso del derecho que regula el art. 7, 2, C.c.

El abuso del derecho tiene unos parámetros que se basan en el respeto a los derechos de tercero y en la presencia de límites normales del propio derecho (función social del derecho).

4. Extinción de los derechos subjetivos

Hay derechos subjetivos que son imperecederos, como son los derechos fundamentales y la propiedad. Otros que van más allá de la muerte del titular, como son la fama, el honor y el derecho a la propia imagen.

Y, en fin, hay otros que, nacidos para el tráfico jurídico, se extinguen por su propio ejercicio, o por devenir imposible su objeto, o su función y, por lo tanto, viven en tanto que son útiles a la realidad social.

La muerte de la persona física, o la extinción de la persona jurídica acarrea la extinción de los derechos de la persona o personalísimos, con las excepciones vistas anteriormente, pero no así aquellos derechos del tráfico que se transmiten a los herederos por sucesión testada e intestada. Lo mismo ocurre con la muerte del sujeto pasivo u obligado.

II. LA REPRESENTACIÓN

1. Concepto

Cuando hablamos de representación estamos haciendo referencia a la representación *voluntaria*, aunque existe otra, la *legal*, como luego veremos.

La **representación voluntaria** significa que una persona representa otra, facultada por ésta, actúa en su lugar y en su nombre, y recaen en ella las consecuencias de los actos o los negocios realizados. A quien actúa se le denomina *representante*; en nombre de quien se actúa, *representado*. Así si María quiere vender su casa y no puede acudir a celebrar el contrato de compraventa, puede nombrar representante a Antonio, —a través de un poder— que celebrará con el comprador dicho contrato en nombre de María, y las consecuencias de esa venta afectarán a María.

La representación voluntaria puede llevarse a cabo en toda clase de actos y negocios, excepto en los denominados personalísimos. Así, por ejemplo, el otorgamiento de testamento, al ser un acto personalísimo, no puede hacerse a través de representante, según establece el art. 670 del C.c.: *El testamento es un acto personalísimo: no podrá dejarse su formación, en todo ni en parte, al arbitrio de un tercero, ni hacerse por medio de comisario o mandatario.*

La **representación legal** es la establecida por la ley para aquellos supuestos en que el representado es menor de edad o ha sido judicialmente declarado incapaz. Son representantes legales los padres respecto de sus hijos menores de edad, o el tutor respecto del tutelado. Hay otros supuestos de representación legal, de menos incidencia en la práctica, como son el curador, respecto del sometido a curatela, o el representante del declarado ausente.

2. El poder

El representante ostenta tal condición porque el representado ha otorgado a su favor un *poder*, denominado poder de representación, que le faculta para actuar en su nombre y que, consecuencia de tal actuación, puedan producirse efectos en el patrimonio del representado.

El negocio de apoderamiento no requiere el consentimiento del apoderado, basta la declaración del poderdante, observando la forma que la ley requiera en función de cual sea el objeto del poder. En este sentido el art. 1280,5 requiere que, para algunos negocios, el poder conste en documento público. La razón de que no haga falta el consentimiento del apoderado estriba en que el poder le faculta para actuar en nombre del poderdante, pero no le obliga.

Sin embargo, aunque el apoderamiento es un acto unilateral, cabe que poderdante y apoderado celebren un contrato, denominado contrato de mandato; aquí las partes se denominan *mandante* y *mandatario*. En virtud de este contrato el mandatario se compromete a llevar a cabo una actividad para el mandante. Este contrato obliga a ambas partes.

Para que la representación voluntaria tenga el carácter de tal, el representante debe actuar de tal modo que no quepa duda de que los efectos de dicha actuación repercutan en el patrimonio del representado y nunca en el suyo propio.

El representante debe actuar dentro de los límites que el poder le ha conferido. Así, en el ejemplo anterior, si María ha nombrado a Antonio su representante para que, en su nombre le venda la casa, Antonio no puede celebrar un contrato de arrendamiento, ni uno de permuta.

Hay que hacer referencia a la figura denominada ***autocontratación***. Significa que el representante actúa a la vez y en el mismo acto o negocio en nombre propio y en el del representado. En este caso, si hay incompatibilidad de intereses, el Código civil lo prohíbe (arts. 163, 299 y 1459); pero si los intereses de ambos —representante y representado— está suficientemente protegidos, o lo autoriza el representado, esta actuación puede entenderse posible.

Tema II
LA PERSONA.
LA PERSONA FÍSICA. EL REGISTRO CIVIL.
LA PERSONA JURÍDICA

I. LA PERSONA COMO SUJETO DE DERECHO

En el momento en que existe una relación jurídica, hay unos sujetos que son titulares de aquellos derechos y deberes correspondientes a esa relación. La cuestión, por tanto, que hay que plantear es quién o quiénes pueden ser sujetos de un derecho.

Para que *alguien* pueda ser titular de un derecho con carácter previo, ha de ser sujeto de derechos o, lo que es lo mismo, ha de ser *persona*.

Desde el punto de vista del Derecho son personas todos los seres humanos. La calidad de ser humano asume la de persona y, en consecuencia, la de sujeto.

La dignidad del hombre implica que está en posesión de una serie de derechos resultantes de su cualidad de persona (desde el punto de vista del Derecho). Así lo reconoce la Constitución al considerar en el art. 10 como *fundamento del orden jurídico y de la paz social, la dignidad de la persona humana y los derechos inviolables que le son inherentes*. Estos valores y principios han de inspirar la actuación de los poderes públicos y servir de guía en la interpretación y aplicación de las normas.

Pero no sólo los seres humanos son sujetos de derechos. Asimismo el Derecho concede aptitud para ser titulares de derechos y obligaciones a ciertos grupos, que tratan de conseguir fines determinados, y que deben cumplir los requisitos que la Ley exija para su reconocimiento; son conocidos con el nombre de *personas jurídicas*.

II. LA PERSONA FÍSICA

1. Comienzo y fin de la personalidad. Nacimiento de la persona

Ya ha quedado dicho que todo ser humano es persona, pero no todo ser humano ostenta esta cualidad desde el mismo momento de su nacimiento. **El Derecho exige el cumplimiento de unos requisitos para atribuir al ser humano la condición de persona desde el punto de vista del Derecho.**

Así, el art. 29 del Código civil establece que *el nacimiento determina la personalidad*. Pero añade el art. 30 que *para los efectos civiles sólo se reputará nacido el feto que tuviere figura humana y viviere veinticuatro horas enteramente desprendido del seno materno*. Son, por tanto, los requisitos de figura humana —cuyo significado ahora explicaremos— y vivir veinticuatro horas desprendido del seno materno los requisitos que el Derecho exige para conceder *personalidad* a cualquier persona.

Esa *personalidad* que se hace depender del nacimiento, con esos requisitos, significa capacidad para ser titular de derechos: la llamada capacidad jurídica. Un concebido, mientras permanece en el claustro materno, carece de existencia propia desde el punto de vista del Derecho Civil, y por tanto de subjetividad jurídica. Si en ese tiempo la madre sufre una agresión que mata al feto, nadie podrá reclamar indemnización de daños en nombre de éste; como sucesor suyo: la madre sí podrá reclamar, pero por lesión de una parte de su cuerpo o —lo mismo que el padre— por el daño moral sufrido.

En el momento mismo del nacimiento adquiere el nacido subjetividad jurídica, siquiera para los efectos civiles; pero para ser titular de derechos civiles patrimoniales, hace falta algo más. Un niño nacido tiene el derecho, desde el primer momento, a la dignidad y al respeto: el delito del que es víctima, es delito contra su persona, no contra la madre. En este sentido comienza a ser persona en el instante de su total desprendimiento del claustro materno, sin que sea preciso esperar veinticuatro horas.

Este requisito de demora de veinticuatro horas afecta sólo a un aspecto: el de los derechos subjetivos privados, tanto los de contenido personal como patrimonial.

Lo anterior, a primera vista puede resultar innecesario; pero por la aplicación de las reglas de Derecho sucesorio, se pretende evitar que el derecho a la herencia se altere por el nacimiento de un niño que no puede seguir viviendo. Sirva el siguiente ejemplo: Juan, casado con María, fallece sin haber otorgado testamento cuando están esperando su primer hijo, viviendo todavía los padres de Juan. La herencia de éste deberá recaer en su hijo, cuando nazca; pero cuando el hijo nace solo consigue vivir dos horas. Si no se exigiera el requisito de las 24 horas, el hijo de María y Juan hubiera recibido la herencia de su padre, y al morir, dos horas después, le hubiera heredado su madre, María. Si se entiende, como hace el Código, que no ha llegado a alcanzar la **personalidad *a efectos civiles*,** este hijo no hereda, y dado que Juan falleció sin otorgar testamento le heredarán sus padres, recibiendo María únicamente el usufructo de una parte de la herencia.

El propósito del Código, por tanto, es muy claro: para provocar una variación en los derechos sucesorios es preciso un nacido cuya existencia haya tenido una mínima entidad. Uno nacido muerto, o con tales complicaciones que deja de vivir a los pocos minutos de ver la luz, no es persona para el Derecho Civil. Y este es el sentido del art. 30 del Código civil: no se trata de privar de la condición de persona a un ser humano vivo, sino de condicionar su capacidad para adquirir derechos patrimoniales: si no los adquiriere no podrá transmitirlos.

2. Derechos del concebido

Lo señalado anteriormente no significa que no existan una serie de ***derechos para el concebido.*** Así lo dispone el art. 29 del Código civil, cuando establece que: *el nacimiento determina la personalidad; pero el concebido se tiene por nacido para todos los efectos que le sean favorables, siempre que nazca con las condiciones que expresa el artículo siguiente.*

Por tanto, al concebido y todavía no nacido se le reservan ciertos derechos mientras vive en el claustro materno. Se cuenta con él, pero no *como si* ya hubiera nacido, considerándole persona desde ahora, sino *por si nace*, y lo hace con los requisitos que hemos visto. Será *entonces* cuando las cosas discurran como si hubiera sido persona en el momento en que su presencia era necesaria para adquirir el derecho. En ningún caso se le empieza a tener por nacido antes de nacer, sino que, una vez cumplidos los requisitos del art. 30 (viabilidad y vivir veinticuatro horas desprendido del seno materno), se finge su condición de persona cuando no lo era todavía, pero estaba concebido. En tanto no los cumpla, los derechos que van a atribuírsele permanecen pendientes.

El problema que se pretende resolver mediante la ficción de considerar sujeto de derechos al concebido es, entre otros, el de la herencia paterna del hijo póstumo. Para ser heredero se requiere existir al tiempo de la muerte del causante, y esta coexistencia falta en relación al hijo, cuando fallece el padre quedando la madre embarazada, como hemos visto en el ejemplo puesto anteriormente. Como sería injusto que tal hijo no heredase, se entiende que es como si viviera ya al morir su padre, pero sólo heredará después de nacer, si lo hace con los requisitos que el Código exige.

Esa misma ficción de preexistencia del nacido vale también en otros supuestos distintos. Por ejemplo, Juan nombra herederos suyos a los hijos que pueda tener Carmen, y si al morir Juan ésta se halla embarazada, el hijo que espera concurrirá a la herencia con sus hermanos ya existentes; a esos efectos, que le son favorables, ficticiamente se le considera persona, aunque no podrá heredar hasta que nazca.

El problema se plantea también —y la ficción de la personalidad se aplica igual— en determinados negocios jurídicos. Por ejemplo, si se ofrece una donación de una suma de dinero al concebido y todavía no nacido, que es conveniente aceptar ahora para evitar que el donante después se arrepienta, esta donación puede ser aceptada por los padres del concebido y no nacido. Este es el sentido del art. 627 del Código civil cuando establece que *las donaciones hechas a los concebidos y no nacidos podrán ser aceptadas por las personas que legítimamente los representarían, si se hubiera verificado ya su nacimiento*. La donación se puede aceptar, pero el concebido no será dueño de los bienes sino a partir del momento de su nacimiento. La misma situación se plantearía si se le hubiera nombrado beneficiario de un seguro de vida en caso de muerte.

3. Extinción de la persona física

Según el art. 32 del Código civil *la personalidad civil se extingue por la muerte de las personas.* En ese momento desaparece la persona en cuanto tal, con sus atributos y cualidades, cesando de ser centro de poder y de responsabilidad. Al mismo tiempo se extinguen los derechos y relaciones de carácter personalísimo o vitalicio que le competían. Y respecto de los derechos de carácter patrimonial y algunos personales se abre la sucesión, transformándose el patrimonio en herencia y el cuerpo de la persona en una cosa: el cadáver.

El fallecimiento se inscribe en el Registro civil mediante declaración de quien tenga conocimiento de él, corroborada por certificación médica de la existencia de señales inequívocas de muerte (arts. 82 y 85 Ley del Registro Civil).

III. CAPACIDAD JURÍDICA Y CAPACIDAD DE OBRAR

La cualidad de persona de un sujeto en el momento de su nacimiento no implica que sea titular actual de ningún derecho, sino que tiene aptitud para ser titular de derechos. Es por su condición de persona por lo que el Derecho le considera con capacidad para servir de soporte a derechos y obligaciones, lo que no incluye —ni mucho menos— el poder de gobernar la propia esfera jurídica, que puede tenerse en mayor o menor grado o del que se puede carecer, como veremos.

Con lo anterior se hace referencia a la distinción (básica en los aspectos patrimoniales del sujeto) entre *capacidad jurídica y capacidad de obrar.*

1. Capacidad jurídica

Capacidad jurídica es la aptitud que tiene toda persona, por el hecho de existir, para ser sujeto de derechos y obligaciones.

Es la aptitud para ser titular de derechos y deberes, el poder para ser parte en todos los actos o negocios.

Cualquier recién nacido, o cualquier persona con una deficiencia psíquica, puede ser dueño de bienes cuantiosos, o heredero, o acreedor de una suma importante de dinero, y los derechos puede ejercitarlos y las obligaciones cumplirlas a través de su representante legal.

2. Capacidad de obrar

Capacidad de obrar es la que tiene cualquier sujeto para ejercitar esos derechos y obligaciones de que es titular como consecuencia de la capacidad jurídica.

Los menores de edad o los incapacitados son incapaces de obrar o tienen la capacidad de obrar limitada, pero son aptos para ser titulares de derechos y deberes.

La capacidad de obrar referida a un negocio jurídico en concreto significa que una persona es capaz de realizarlo por sí misma; que no precisa la intervención ni el auxilio de su representante legal.

La capacidad de obrar, a diferencia de la capacidad jurídica, no es igual en todas las personas, pero se trata de una desigualdad que no puede ser arbitraria.

Para el reconocimiento de la capacidad de obrar, el Derecho utiliza como criterio la aptitud de cada sujeto para regir su persona y bienes; así la capacidad de obrar será nula en el recién nacido, y creciente con la edad hasta alcanzar su plenitud con la mayoría de edad, pudiendo estar disminuida o anulada en el mayor de edad cuando haya sido declarado incapaz judicialmente por padecer enfermedades o defectos que le impidan gobernar su persona y bienes.

A. Capacidad de obrar plena

En nuestro Derecho hay una capacidad de obrar plena que corresponde al individuo mayor de edad, no incapacitado, y supone la posibilidad de llevar a cabo cuantos actos o negocios jurídicos desee o precise, salvo aquéllos en los que se exige una edad especial, como por ejemplo, la necesaria para adoptar.

La mayoría se produce de modo automático como toda capacidad por edad: no depende de la voluntad del interesado o de quienes tenían la potestad sobre él, ni puede cambiarse la fecha. El mayor sale instantáneamente de la patria potestad o la tutela sin necesidad de acto o formalidad algunos.

En el caso de que ese mayor de edad sea incapaz nos encontramos en una situación de **ausencia de capacidad de obrar,** y para estos casos el Derecho prevé un mecanismo de representación. Para que estos sujetos sean sustituidos en el gobierno y defensa de su patrimonio y de sus bienes extrapatrimoniales, el representante legal actúa en su nombre, hallándose facultado para representar al incapaz en todos aquellos actos que no son personalísimos. Así puede administrar bienes, contraer deudas, adquirir otros bienes, ejercitando estas actividades en beneficio del representado.

B. Supuesto especial del menor emancipado

El menor emancipado se encuentra en una situación intermedia entre la capacidad de obrar plena y la limitada. Analizaremos, a continuación, en qué casos, y con qué consecuencias se produce esta emancipación.

La emancipación es equivalente a la mayor edad en orden a la adquisición de la capacidad general y tiene lugar (art. 314 del C.c.), por el matrimonio del menor, por concesión de los que ejerzan la patria potestad y por concesión judicial.

Para que tenga lugar la **emancipación por concesión de quienes ejercen la patria potestad** *se requiere que el menor tenga dieciséis años cumplidos y que la consienta* (art. 317 C.c.).

El hijo habrá de tener, por tanto, capacidad psíquica para consentir. Esta emancipación se otorgará por escritura pública o por comparecencia ante el Juez encargado del Registro, y en todo caso la concesión habrá de inscribirse en el Registro civil, no produciendo, entre tanto, efecto contra tercero.

La **emancipación por concesión judicial** es la que otorga el Juez, siendo los menores mayores de dieciséis años y solicitándola ellos. Está pensada, fundamentalmente, para los hijos bajo patria potestad, previa audiencia de sus padres, y en situaciones de crisis familiar.

Sea cual sea el modo de emancipación, ésta *habilita al menor para regir su persona y bienes como si fuera mayor; pero hasta que llegue a la mayor edad no podrá el emancipado tomar dinero a préstamo, gravar o enajenar bienes inmuebles... sin consentimiento de sus padres, y a falta de ambos, sin el de su curador* (art. 323 C.c.).

La emancipación se presenta, así, como una mayoría de edad con ciertas limitaciones concretas: fuera de ellas, el emancipado, que en todo caso queda libre de la patria potestad o la tutela, adquiere capacidad de obrar plena.

También la emancipación se produce por el matrimonio válido del menor. Esta emancipación sólo se produce en un caso excepcional: cuando el menor no emancipado obtiene dispensa de edad para casarse, del Juez de primera instancia, el cual se la puede conceder a partir de los catorce años (art. 48-2.1 del C.c.). La emancipación por matrimonio presenta específicas limitaciones en orden a la disponibilidad de los bienes.

De otra parte, la capacidad del menor se amplía hasta equivaler a la del emancipado, pero de modo revocable, en el caso del art. 319 del C.c., conforme al cual, *se reputará para todos los efectos como emancipado al hijo mayor de dieciséis años que con el consentimiento de los padres viviere independientemente de éstos. Los padres podrán revocar este consentimiento.* Por vida independiente se ha de entender, más que el tener propio domicilio o la separación física, el llevar una vida económica separada de la familia; el ejercitar una profesión, empleo, oficio, comercio o industria, que es administrada por sí y para sí.

C. Ausencia de capacidad de obrar

Se da claramente en los supuestos de minoría de edad, sin necesidad de ningún tipo de declaración. Al menor de edad le falta la capacidad de obrar general: sólo tiene, al parecer, aquellas capacidades concretas que, para cada caso, le concede la ley.

La regla general, pues, es la incapacidad del menor en el ámbito patrimonial, correlativa con su sumisión y dependencia en el aspecto personal, sujeto como está, necesariamente, a la patria potestad o, en su defecto, la tutela.

El menor es incapaz, no porque no pueda entender y querer (menores hay con más discernimiento que muchos mayores), sino porque no ha cumplido la edad precisa para alcanzar la mayoría. Y esto es así, atendiendo al diseño que hace la ley de la situación real del menor en el ámbito jurídico. De una parte, el deber de obediencia a los padres o al tutor, y de otra, el hecho de que el padre o guardador tiene en su poder, para administrarlos, los bienes del menor (arts. 164, y 270 del C.c.), que quedan sustraídos a la acción de éste. Pero, sobre todo la disminución de la propia autonomía patrimonial lleva consigo la representación legal del menor por su guardador, en virtud de la cual éste, en servicio de los intereses del hijo o pupilo, puede celebrar, incluso contra la voluntad del menor (a veces, precisando autorización judicial), cualesquiera contratos no personalísimos a nombre de aquél y vinculando su patrimonio.

Con todo, la falta de capacidad del menor para contratar debe matizarse para ponerla de acuerdo con la vida real, en la cual los menores van desarrollando una actividad contractual creciente con arreglo a su edad y a los usos, sin que se plantee cuestión en torno a la validez de los contratos celebrados por ellos. Así desde la adquisición de unas chucherías en un puesto callejero por un niño de ocho años que va solo, pasando por los contratos de transporte, espectáculo, compra de libros, material escolar o deportivo, útiles de trabajo, artículos de comer y beber, hasta la adquisición de ropas caras, vehículos, artefactos y útiles diversos por los menores cercanos a la mayoría de edad. Pensar que todos estos contratos carecen de validez corresponde a la situación objetiva, y ha de presumirse que media autorización tácita del guardador; o mejor que tanto él como su guardador (quien en otro caso debió dar a conocer de algún modo su desacuerdo) han renunciado tácitamente a la impugnación del negocio.

De otra parte, hay que aceptar la autonomía del menor, de acuerdo con los usos y concepciones sociales y en el grado que asignen éstos a cada edad, para el ejercicio de los derechos personalísimos (publicar o no un libro, por ejemplo).

D. Capacidad de obrar limitada

En este caso el sujeto tiene capacidad de obrar, pero no plena sino referida sólo a algunos negocios jurídicos determinados o, a la inversa, no puede realizar determinados negocios.

En los supuestos de capacidad de obrar limitada el sujeto actúa por sí y no tiene un representante legal que pueda actuar en su nombre. La iniciativa le queda confiada exclusivamente a él, pero necesita, para la plena validez del negocio, del consentimiento, asistencia o cooperación de otra persona para completar su capacidad.

Así, por ejemplo, el menor emancipado (menor de edad pero mayor de dieciséis años) puede regir su persona y bienes como si fuera mayor, pero para determinados negocios, **como tomar dinero a préstamo o vender bienes inmuebles, necesita el consentimiento de sus padres** (art. 323 del C.c.). Este menor emancipado tiene capacidad de obrar pero limitada; él toma la iniciativa de los negocios jurídicos a realizar pero, para aquéllos en que la Ley lo exige, necesita que alguien (en este caso los padres) completen esa falta de capacidad para ese negocio jurídico concreto.

IV. LA INCAPACITACIÓN

Acabamos de señalar que un mayor de edad puede carecer de capacidad de obrar; situación que se da en los supuestos de incapacitación.

El incapaz es un sujeto que, por padecer enfermedades o deficiencias físicas o psíquicas de carácter permanente, no puede gobernar por sí mismo su persona y bienes. Ahora bien, **nadie puede ser considerado incapaz, declarado como tal, sino por sentencia judicial firme y por las causas establecidas la Ley.**

Si, como regla general, *el mayor de edad es capaz para todos los actos de la vida civil* (art. 322 C.c.), excepcionalmente ciertas circunstancias determinan la *incapacitación* de la persona mayor, en virtud de la cual pierde, de modo total o parcial, tal capacidad que la había conferido la mayor edad. En otros casos basta con someter a vigilancia los actos de la persona que presenta alguna anomalía.

Así, Mario, mayor de edad que padece una enfermedad mental apreciable por cualquiera, y titular de una importante suma de dinero, si quiere regalar ese dinero nadie se lo puede impedir y nadie le puede representar, salvo que exista una sentencia judicial que le declare incapaz, en cuyo caso será auxiliado por su representante legal quien actuará en su nombre.

En esa declaración judicial de incapacitación se suprime total o parcialmente la capacidad de obrar, mientras dure la causa de incapacitación, y de ella se deriva la prórroga de la patria potestad o la sumisión a tutela del incapacitado.

1. Causas y efectos

Las situaciones de deficiencia física o síquica que puedan aquejar a los individuos y no sean causa suficiente de sometimiento a tutela podrán dar lugar, bien a protecciones de carácter administrativo, bien a la institución de la curatela, institución cuya función consiste en reforzar el discernimiento y asegurar la libertad de las personas físicas que padecen discapacidad. A este respecto deben de tenerse en cuenta las normas del C.c. derivadas de la reforma de 18 de noviembre de 2003 (ley 41) y del Convenio de Nueva York suscrito recientemente por España.

Las enfermedades y trastornos mentales, al afectar a la inteligencia y la voluntad, a veces hacen imposible la emisión de un consentimiento válido; mientras duren, dejan más o menos inepto al enfermo o deficiente mental para otorgar contratos o testamento; para desempeñar cargos públicos, la potestad sobre los hijos o los cargos de tutor o albacea testamentario y para expresar una voluntad que le obligue; supuestos, aquellos, de causas de incapacitación. Así el art. 1263-2 C.c. prohíbe prestar consentimiento en los contratos a los incapacitados.

Para que cualquier persona pierda, de modo general, su capacidad, es indispensable la Sentencia de *incapacitación*, en procedimiento judicial. Es este pronunciamiento el que reduce al enfermo a persona tutelada, con capacidad restringida: situación que dura hasta que un nuevo pronunciamiento judicial rectifique el anterior. El incapacitado queda sujeto, ya a la patria potestad que se rehabilita o prorroga, ya a la tutela.

Los negocios celebrados por el incapacitado son anulables (salvo aquéllos para los cuales le concede la ley capacidad concreta), de modo que no cabría alegar, en favor de la validez, que cuando formuló su declaración de voluntad se hallaba en un intervalo lúcido.

a) **Causas.** Según el actual art. 200 C.c., *son causas de incapacitación las enfermedades o deficiencias persistentes de carácter físico o psíquico que impidan a la persona gobernarse por sí misma.*

Lo determinante es que el sujeto, debido a una alteración mental o física habitual de cualquier clase, no se halle en condiciones de regir su persona, administrar sus bienes y cumplir las restantes incumbencias de una mínima vida de relación; todo ello con referencia a la conducta de una persona normal y corriente y revistiendo la enfermedad o deficiencia del sujeto unos caracteres de duración y gravedad tales que, según criterio médico, recomienden el establecimiento de los órganos de guarda de la persona.

b) **Procedimiento.** Todas las cuestiones de procedimiento, defensa del incapacitado, y contenido procesal de la tutela, curatela y guarda, contenidas en los arts. 202 a 214 del C.c., hoy derogados, se han transferido a la Ley de Enjuiciamiento Civil, en su reforma de 2000, no obstante mantener su carácter de procedimientos formales reglados, por tratarse de cuestiones relativas a la libertad y conformación de la personalidad.

c) **Incapacitación del menor.** Según el art. 201 C.c., *los menores de edad podrán ser incapacitados cuando concurra en ellos causa de incapacitación y se prevea razonablemente que la misma persistirá después de la mayoría de edad.* Resuelve este precepto una antigua controversia, en la que algunos sostenían que el menor de edad al hallarse sometido ya a la patria potestad o a la tutela, no podía ser declarado incapaz. Más bien se ve que la declaración aprovecha para evitar situaciones intermedias al llegar el deficiente a la mayor edad, justificando desde el primer momento la continuación de la patria potestad o la tutela a que se hallase sometido.

2. La situación del incapacitado

Cuando la sentencia de incapacitación no concede al incapacitado algunas facultades de las que corresponden al plenamente capaz, el mayor se encuentra en una situación parecida a la del menor, aunque no igual. Vive sujeto a la patria potestad prorrogada o la tutela, pudiendo el incapacitado, si así se precisase, ser internado en un establecimiento de salud mental. No puede contratar, y si lo hace, los contratos que celebra con suficiente conocimiento son anulables. En su lugar, contrata su representante legal, solicitando, en los casos de mayor importancia económica, licencia judicial. Con todo, el incapacitado, para los supuestos que la Sentencia lo permita, podrá realizar ciertos negocios.

3. La tutela

Consecuencia de la declaración judicial de incapacitación, o de la ausencia de quienes ejerzan la patria potestad, el declarado incapaz, o los menores son sometidos a tutela.

A. Sujetos y estructura

La ley ha regulado una institución de guarda y defensa de los incapaces que desempeña el mismo papel que la patria potestad. Esta institución es la *tutela*.

A la tutela estarán sometidos los menores de edad no emancipados que sean huérfanos o cuyos progenitores se hallan privados de la patria potestad, así como los incapacitados, cuando no están sometidos a la patria potestad prorrogada y tiene por función la *guarda y protección de la persona y bienes, o solamente de la persona o de los bienes, de los menores o incapacitados* (art. 215 C.c.).

A los menores no emancipados se les debe nombrar tutor cuando carecen de padres que puedan ejercer la patria potestad. A los mayores de edad, en cambio, no se les puede nombrar tutor sin previa declaración judicial de incapacitación.

La tutela es de ejercicio permanente y habitual: el tutor no lo es para un acto o negocio, sino para cuidar de modo global de las incumbencias patrimoniales y también de las personales, del sujeto a tutela.

En el año 1983 se promulgó una nueva normativa inspirada en el sistema llamado "de autoridad", en el cual se confía la alta dirección de la guarda a organismos administrativos o judiciales, aunque el tutor sea acaso un pariente del tutelado. Dice el art. 216 del Código civil, *que las funciones tutelares constituyen un deber, se ejercerán en beneficio del tutelado y estarán bajo la salvaguarda de la autoridad judicial*. Poniendo de relieve esta definición, no tanto el papel protagonista que corresponde al Juez en el establecimiento y desarrollo de la tutela, sino el aspecto altruista del instituto, que opera en beneficio del tutelado (así se llama al sometido a tutela), a costa del designado tutor, obligado a aceptar el cargo y desempeñarlo, salvo que alegue una causa de excusa de las que el propio Código enumera.

B. Los órganos de la tutela: el tutor

La tutela se organiza con un órgano ejecutivo y de asistencia inmediata: el tutor, y otro que establece al primero y lo vigila: el Juez de lo Civil que tenga atribuida la competencia.

a) **Nombramiento.** El tutor se nombra entre la persona designada por el propio tutelado y los familiares más próximos y lo buscan la ley o el Juez. La ley establece un orden de preferencia para ser nombrado tutor, que el Juez puede alterar excepcionalmente. La preferencia para ser nombrado tutor aparece contemplada en los arts 234 y 235 del C.c.

El tutor es una persona física, aunque pueden serlo las personas jurídicas sin finalidad lucrativa dedicadas a la protección de menores e incapacitados (art. 242 C.c.). Puede haber varios tutores, sea con la misma competencia, como el grupo nombrado por un progenitor o el compuesto por el padre y la madre del incapacitado, o con competencias diferentes, como cuando, por ejemplo, designa el testador o donante un tutor para que administre los bienes del tutelado o parte de ellos (art. 236 C.c.), quedando al nombrado por el Juez el cuidado de la persona.

b) **Competencias.** Al tutor le incumbe el cuidado directo del incapaz cuando resulte necesario; la gestión inmediata de sus negocios y administración de sus bienes, y su representación.

El tutor está obligado a velar por el tutelado, misión en la que se incluye procurarle alimentos, educarle si es menor y proporcionarle una formación lo más completa posible, y a procurar la recuperación de la capacidad del tutelado (art. 269 C.c.).

Es de suponer que la alimentación, cobijo y educación corren a cargo del patrimonio del propio tutelado, sin que el tutor quede obligado a contribuir por otra norma que la de los alimentos entre parientes.

El tutor actúa en lugar del tutelado siempre que éste no pueda hacerlo por sí. Es *el representante del menor o incapacitado*, igual que el padre representa al hijo menor. Parejamente, *es el administrador legal del patrimonio de los tutelados y está obligado a ejercer dicha administración con la diligencia de un buen padre de familia* (art. 270 C.c.). Para los actos más importantes precisa autorización judicial: enajenación o gravamen de bienes inmuebles, establecimientos mercantiles o industriales, etc.

c) **Guarda de hecho.** Sin constitución de tutela, cuyas formalidades en la vida real sólo se han venido cumpliendo cuando hay que enajenar bienes, muchos menores y algunos deficientes psíquicos viven en familia bajo la hipotética potestad de los cabezas de ella. A estas situaciones atiende el art. 303 del C.c., autorizando al Juez para pedir informes en relación con la persona y bienes del seudo-pupilo y establecer medidas de control y vigilancia del seudo-tutor. *Los actos realizados por el guardador de hecho en interés del menor o presunto incapaz no podrán ser impugnados si redundan en su utilidad* (art. 304 C.c.).

C. La autoridad judicial

Ya hemos visto cómo, siempre en busca del bien del tutelado, tiene el Juez en el establecimiento de la tutela poderes extraordinarios. Por lo demás, es él quien, teniendo noticia del hecho que da lugar a la tutela, dispone que se constituya ésta; señala y exige fianza al tutor; preside la formación del inventario de los bienes del tutelado y determina qué dinero, valores y objetos preciosos han de quedar depositados. Mientras la constitución no se perfecciona, asume la representación o defensa del menor o el deficiente el Ministerio Fiscal (art. 299 bis C.c.).

La tutela se ejercerá bajo la vigilancia del Juez que puede, además, establecer, en cualquier momento, *las medidas de vigilancia y control que estime oportunas, en beneficio del tutelado; asimismo, exigir del tutor que informe sobre la situación del menor o incapacitado y el estado de la administración* (art. 233 C.c.).

Expresión de esa vigilancia permanente del Juez sobre la tutela es la necesidad de autorización judicial para cualquier actuación del tutor que exceda de la ordinaria guía de la persona y administración de los bienes.

V. EL REGISTRO CIVIL

Los hechos y derechos inscribibles en el Registro Civil constituyen una especie de catálogo oficial de las personas físicas integradas en un ordenamiento jurídico determinado, y en el que consta su *existencia* (nacimiento) *subsistencia* (pues llegado el momento de su fallecimiento también constará) y *estado civil.*

Los hechos y actos inscribibles que afectan a las personas (arts. 326 del C.c. y 1 de la Ley del Registro Civil) **son los siguientes:**

1. El nacimiento.
2. La filiación.
3. El nombre y apellidos.
4. La emancipación.
5. Las modificaciones judiciales de capacidad de las personas y las declaraciones de concurso, quiebra o suspensión de pagos.
6. Las declaraciones de ausencia o fallecimiento.
7. La nacionalidad y vecindad civil.
8. La patria potestad y tutela.
9. El matrimonio.
10. La defunción.

El Registro Civil depende del Ministerio de Justicia, a través de la Dirección General de Registros y del Notariado.

Hay tres tipos de Registros:

A. Registros municipales. Existe un Registro por cada término municipal.

B. Registros Consulares, a cargo de los Cónsules o funcionarios diplomáticos españoles. Hay uno por cada demarcación consular.

C. Registro Central. En él se inscriben los hechos para cuya inscripción no resulte competente ningún otro Registro y aquéllos que, por circunstancias excepcionales, no puedan inscribirse en el que le corresponda.

El Registro civil está dividido en cuatro secciones: La primera de Nacimientos y General; la segunda, denominada Matrimonios; la tercera, denominada Defunciones; y la cuarta denominada Tutelas y representaciones legales. Cada Sección lleva sus libros correspondientes.

El contenido de los libros está constituido por lo que se denomina asiento, que es cualquier anotación, de la naturaleza que sea, que se practica en los libros. La actual legislación del Registro Civil distingue los siguientes tipos de asientos:

A. Inscripciones, siendo las principales las de nacimiento, matrimonio, defunción y la primera de cada tutela o representación legal.
B. Anotaciones. Son asientos con valor puramente informativos.
C. Notas marginales. Sirven para relacionar dos o más asientos entre sí. Así, por ejemplo, *al margen* de la inscripción de nacimiento se pondrá nota de referencia a las de matrimonio, tutela o defunción.
D. Cancelaciones. Son asientos que declaran la nulidad de otros.

Las inscripciones son títulos declarativos del correspondiente estado civil de las personas. Por ello constituyen la **verdad oficial** de los hechos y circunstancias de que cada inscripción da fe.

El Registro Civil es público para quienes tengan interés en conocer sus asientos (art. 6 de la Ley del Registro Civil). La publicidad se realiza mediante manifestación y examen de los libros y mediante certificación literal o en extracto, o negativa si no hubiese asiento. Las certificaciones tienen carácter de documentos públicos.

VI. LA PERSONA JURÍDICA

1. Planteamiento y evolución

Las posibilidades de acción del hombre individualmente son limitadas en grado de eficacia, ya porque exceden sus medios, ya porque deben durar más que su vida; o bien, se consiguen mejor cooperando en grupo.

Al lado de los conjuntos humanos formados voluntariamente con un concreto designio común (la Sociedad Protectora de Animales, el Orfeón, el Club Deportivo), o de las organizaciones creadas por un particular para perpetuar su voluntad benéfica (una Fundación), hallamos otros, que son necesarios: el Estado o el Municipio. Fue primero en el Derecho Público donde se puso de manifiesto la necesidad de atribuir derechos y obligaciones a entes no corporales.

Luego, los juristas personificaron, primero a los Municipios y a su imagen al Estado; ulteriormente, ya en el campo privado, aparecen los colectivos de personas constituidas por los colegios de sacerdotes, artesanos, etc. y se desarrollan fondos de bienes destinados casi siempre a causas pías.

2. Construcciones teóricas

a) Hasta tiempos recientes nadie entendió la persona jurídica sino como una ficción. Esta idea apunta a aspectos válidos e innegables; pero concede demasiado al arbitrio al legislador, el cual no podría personificar, a su capricho, cualesquiera entidades, ni tampoco cabe negar el reconocimiento a todo grupo o colectividad con fines lícitos y organización suficiente.

b) Frente a la tesis de la ficción se opuso que la persona jurídica es un ser viviente superindividual; «una efectiva y completa persona compuesta» (teoría de la realidad). Pero esta asimilación al ser humano va contra la evidencia. La tesis sirve para resaltar cómo la concesión de personalidad no se verifica arbitrariamente y en el vacío; y el Derecho la reconoce en algo que ya existe fuera de él; en la realidad social del grupo, dotado de organización y de patrimonio. Una realidad tan vigorosa como, por ejemplo, la Cruz Roja internacional es algo más que una mera ficción o, entre nosotros, El Corte Inglés.

c) En resumen, la persona jurídica es el compuesto de un sustrato social antecedente y su reconocimiento como tal persona por el Derecho.

3. Clases de personas jurídicas

Según el art. 35 del C.c. son personas jurídicas:

1º. Las corporaciones, asociaciones y fundaciones de interés público reconocidas por la ley.

Su personalidad empieza desde el instante mismo que, con arreglo a derecho, hubiesen quedado válidamente constituidas.

2º. Las asociaciones de interés particular, sean civiles, mercantiles o industriales, a las que la ley conceda personalidad propia, independiente de la de cada uno de los asociados.

Añadiendo el art. 36 que *las asociaciones a que se refiere el número 2º. del artículo anterior se regirán por las disposiciones relativas al contrato de sociedad, según la naturaleza de éste.*

4. Capacidad, domicilio y nacionalidad

A. Mientras la persona natural nace desprovista de capacidad de obrar (un niño no puede contratar, casarse, aceptar legados) y va adquiriéndola con el curso de los años, en cambio la persona jurídica recibe íntegra su capacidad al nacer como tal.

¿Cuál es esta capacidad? ¿A qué competencias y posibilidades alcanza?

El legislador atribuye a esta clase de personas la capacidad general jurídica, salvo las excepciones establecidas por la ley o deducibles de la naturaleza misma de tal persona. Según el art. 37 del Código civil *la capacidad civil de las corporaciones se regula por las leyes que las hayan creado o reconocido; la de las asociaciones por sus estatutos; y la de las fundaciones por las reglas de su institución, debidamente aprobadas por disposición administrativa, cuando este requisito fuere necesario,* de donde se deduce que la capacidad de cada persona queda fijada en el acto fundacional y es distinta para cada una.

La capacidad de la persona jurídica para obligarse se extiende, no sólo al resarcimiento de las infracciones cometidas en el curso del cumplimiento de sus deudas, sino también a los daños causados por delito o cuasidelito, pues si bien un ente moral en nuestro Derecho positivo no puede delinquir, sí es pecuniariamente responsable, como si fuera causante, de cualesquiera daños causados por sus órganos y representantes actuando en calidad de tales.

B. **El domicilio** tiene, para la persona jurídica (que no está necesariamente en alguna parte, como la física), especial importancia: la vida social de la persona, e incluso la formación correcta de su voluntad, requieren un determinado centro; de él depende la competencia de los tribunales, y en él puede fijarse el legislador para determinar la nacionalidad.

Según el art. 41 del C.c. cuando ni la ley que las haya creado o reconocido, ni los estatutos o las reglas de la fundación fijaren el domicilio de las personas jurídicas, se entenderá que lo tienen en el lugar en que se halle *establecida su representación legal, o donde ejerzan las principales* funciones de su instituto. En ningún caso puede fijarse el domicilio desconectado de la sede o sedes de actuación de la persona.

C. La persona jurídica, en cuanto tal, se halla sometida a un ordenamiento; tiene una *ley personal,* y en este sentido tiene una **nacionalidad,** acerca de la cual dispone el art. 28 del C.c. que las corporaciones, fundaciones y asociaciones, reconocidas por la ley en España, gozarán de la nacionalidad española, siempre que tengan el concepto de persona jurídicas, con arreglo a las disposiciones del presente Código.

5. La Asociación

A. Concepto

La *asociación* es la persona compuesta por un conjunto de individuos que se proponen la realización de un fin común, de interés general o privado, pero no lucrativo, por los medios que el grupo decida en cada momento.

Las personas de Derecho Privado de tipo asociación se dividen por el Código civil en *asociaciones y sociedades:* éstas, caracterizadas por el ánimo de lucro, y aquéllas por el fin altruista y el interés general.

Se hará referencia a las asociaciones reguladas por la Ley Orgánica 1/2002 de 22 de marzo.

Las sociedades civiles o mercantiles no deben proponerse necesariamente como fin el ejercicio de una actividad lucrativa determinadas, pudiendo ésta extenderse imprecisamente a todas (sociedad universal); pero no cabe la asunción de la forma de sociedad civil o mercantil (anónima, preferentemente) para finalidades ideales, ajenas al lucro.

Según el art. 22 de la Constitución:

1. Se reconoce el derecho de asociación.
2. Las asociaciones que persigan fines o utilicen medios tipificados como delito son ilegales.
3. Las asociaciones constituidas al amparo de este artículo deberán inscribirse en un registro a los solos efectos de publicidad.
4. Las asociaciones sólo podrán ser disueltas o suspendidas en sus actividades en virtud de resolución judicial motivada.
5. Se prohíben las asociaciones secretas y las de «carácter paramilitar».

B. Constitución de la Asociación

La Ley (art. 5.º-1) exige para la válida constitución de una asociación el otorgamiento de un acta en que conste el propósito de varias personas naturales que, con capacidad de obrar, acuerden voluntariamente servir un fin lícito según sus Estatutos. Este acta presupone que los fundadores han aprobado los Estatutos, probablemente en una reunión fundacional.

En el acuerdo de constitución, los socios se comprometen a poner en común conocimientos, medios y actividades para conseguir unas finalidades lícitas, comunes y de interés general o particular.

En el acta, los fundadores manifiestan su voluntad en orden a la creación de una unión de personas duradera y de los organismos precisos para su funcionamiento, sin que queden vinculados unos a otros en cuanto a la permanencia en la asociación.

C. Régimen de la Asociación

A. La Asamblea General es el poder constituyente de la corporación a la vez que órgano superior de gobierno y supervisor de la labor de la junta directiva. Convocada en debida forma, nombra su presidente y sus órganos propios; aprueba los balances y cuentas; trata las directrices de la acción social; decide la admisión y exclusión de socios, y puede modificar los Estatutos con la mayoría específica y sin que sea necesaria la unanimidad de los socios.

B. Salvo que la asociación tenga poquísimos socios, (art. 12) en cuyo caso podrán actuar todos juntos, lo normal es que se constituya una autoridad encargada de la dirección de aquélla, la Junta Directiva, elegida por la Asamblea.

La Junta Directiva tiene, entre otras funciones, la de administrar los bienes sociales, actúa como poder ejecutivo del ente, siendo la asamblea el legislativo.

Su Presidente, y en su caso quienes estatutariamente se determine, ostentarán la representación legal de la asociación.

C. La Asociación se compone de asociados. La condición de socio se adquiere por participar en su creación o por ingresar luego en ella. Hay asociaciones que condicionan el ingreso exigiendo al socio determinadas cualidades o circunstancias (tener un título académico, ser mayor o menor de cierta edad, etc.), o bien la votación favorable de un comité de admisión: en general, la admisión o no como socio suele quedar reservada a la asociación, que puede decidir sobre ella.

Los asociados tienen derecho, de un lado, a participar en la formación de la voluntad colectiva (asistencia a la asamblea, sufragio activo o pasivo); de otro, a gozar y aprovechar de los bienes y servicios de la asociación y tener parte en sus actividades: esto puede ser también un deber.

La condición de asociado, que se supone fundada, en cierta medida, en la confianza personal, se presume personalísima e intransferible.

D. Las Asociaciones se disuelven por las cauas previstas en los Estatutos y, en su defecto, por la voluntad de los asociados expresada en Asamblea general convocada al efecto, así como por las causas determinadas en el art. 39 C.c. y por Sentencia judicial firme (art. 17-1 LA).

6. La Fundación

A. Concepto y elementos

La fama ha difundido el nombre de la Fundación Rockefeller. En España la más conocida es la Juan March, pero hay otras muchas, de todas las cuantías y matices.

Las fundaciones son *personas jurídicas*, pero no son *grupos*. Los hombres que están a su servicio no son «asociados» de ellas, ni tampoco lo son los que reciben sus beneficios. La fundación es el producto de una voluntad individual (procedente de persona física o jurídica) que, formulada en un momento, ha de durar acaso indefinidamente, reconduciendo a determinada finalidad altruista (el mantenimiento de un Hospital, o unos premios para el mejor trabajo científico de cada año en tal materia, etc.) las rentas y productos de unos bienes que a tal fin se entregan a la nueva persona jurídica. Se trata, pues, de una persona que no está compuesta por personas físicas. Es como si en una sociedad anónima industrial se prescindiese de los accionistas y dejásemos sólo al gerente y los obreros.

Pero lo más característico de la fundación, frente a la asociación, no es ésta falta de socios, sino la causa de ella: como la fundación supone el planteamiento de un fin altruista y unos medios para alcanzarlo, tal planteamiento es su ley, dejando de depender de la voluntad del fundador; mientras la asociación es, en cada momento, lo que quieran los socios.

En otras palabras: la fundación, una vez constituida, se desprende de la persona del fundador y ya no puede ser libremente modificada ni extinguida.

Las Fundaciones se rigen, además de por las normas de su constitución, por la Ley 30/1994, de 24 de noviembre y las de competencia estatal por su Reglamento aprobado por R.D. 23 de febrero de 1996.

No es necesario que la finalidad de la fundación tenga duración indefinida, pero sí que se extienda en el tiempo lo bastante como para justificar la creación de la persona jurídica.

Mas no basta, para que haya fundación, la determinación del fin: es preciso que el fundador aporte los medios precisos para cumplir la finalidad señalada al ente. Es el acto de destino de bienes, *la dotación, lo que* garantiza la seriedad del negocio de fundación, sobre todo por cuanto ha de ser adecuada, en principio, para cumplir la finalidad impuesta por el fundador y, por tanto, no bastaría una asignación muy pequeña tratándose de fines que, al ser de interés general, (impersonal y altruista) y habrán de tener cierta entidad.

Finalmente, el manejo de los bienes y las precisas gestiones y actividades para el cumplimiento de los fines fundacionales requieren una *organización*. Habitualmente asume la gestión en sus líneas más esenciales (quedando la ejecución a empleados contratados al efecto) el *patronato*, órgano colectivo encargado de la alta administración y dirección de la nueva persona jurídica en el doble aspecto del disfrute y defensa de los bienes para obtener de ellos el rendimiento preciso; y de la aplicación de las rentas a las finalidades fundacionales, así como, en general, del gobierno del ente. El fundador habrá de fijar las reglas de la gestión, el estatuto jurídico de los gestores, el modo de su nombramiento, etc.; y puede él mismo nombrar al primer gestor (o a los primeros); autonombrarse, también. Puede encomendarse la gestión a una sola persona o varias, naturales o jurídicas (una Universidad, por ejemplo), o a quien ocupe determinado cargo (el alcalde, el párroco).

Como la fundación no tiene socios, ni una asamblea general que reciba cuentas de la gestión de sus órganos, ésta ha de ser vigilada por el Estado, lo que realiza mediante la institución del *protectorado*, ejercido por el Ministerio de Interior (en su origen Mº de la Gobernación) para las fundaciones benéficas y por el de Educación para las culturales. Los patronos tienen obligación de llevar la contabilidad y rendir cuentas periódicas, o al menos justificar el cumplimiento de las cargas de la fundación.

En la actividad de administrar su patrimonio ha sido costumbre de las fundaciones invertir el dinero de su dotación o el producto de la venta de otros bienes en valores de renta fija, casi siempre del Estado, a fin de tener la máxima seguridad.

Las Fundaciones se extinguen por expirar el plazo para el que se concibió su actividad, por realizar el fin previsto o por imposibilidad de cumplirlo (arts. 39C.c. y 31 Ley de Fundaciones).

Tema III
LOS DERECHOS REALES. CONCEPTO Y CARACTERES

I. LA FIGURA DEL DERECHO REAL

1. Concepto y caracteres

El Ordenamiento jurídico concede la consideración de derecho (subjetivo) a la dominación del hombre sobre las cosas, y lo mismo la dominación total, que es el derecho de propiedad, como a otras más concretas y limitadas: el derecho a los frutos de la cosa o usufructo; o a obtener alguna utilidad concreta de la cosa como la servidumbre que me faculta para pasar a través de la finca vecina a fin de llegar a la mía, etc. A cualquiera de estos derechos en la cosa le llamamos *derecho real* (procede del latín: *res* = cosa).

Lo característico del derecho real es que recae directamente sobre la cosa, sin mediación de otra persona. Así, quien tiene una servidumbre de paso puede transitar por el fundo gravado con ella sin precisar el consentimiento del dueño, y el acreedor hipotecario impagado puede, asimismo, instar él mismo la venta del inmueble: la relación con el bien es inmediata y directa **(inherencia).**

La posibilidad de influencia directa supone la de excluir la acción de cualquier otro sobre la cosa en perjuicio del derecho real: el dueño puede impedir la entrada en su finca a cualquiera **(exclusividad).**

Finalmente, la posibilidad de influencia (del derecho real) sigue a la cosa dondequiera que se halle y quienquiera que sea su poseedor **(reipersecutoriedad).**

2. Los derechos reales limitados: concepto y enumeración

La influencia directa y exclusiva del sujeto sobre la cosa en que consiste el derecho real, puede alcanzar a todos los aspectos y entonces compone la propiedad plena: el derecho total sobre las utilidades y posibilidades de servicio. Si yo soy dueño de una huerta, puedo arrendarla o cultivarla yo, o dejarla a un amigo, o venderla, o plantarla de árboles, o elevar en ella una construcción para almacén o vivienda, etc.; tengo, en relación al inmueble, todas las posibilidades de acción y aprovechamiento que autoriza el Derecho, y los deberes consiguientes.

Pero puedo tener sobre tal finca sólo alguna facultad concreta: percibir sus frutos, o pasar por una senda que la atraviesa, o entrar a pastar en ella mis ganados. El derecho que tengo entonces sobre ella es limitado: restringido a un aspecto de su aprovechamiento o utilización. Este derecho limitado se llama también "en cosa ajena", pues si la cosa es propia la titularidad de cualquier influencia sobre ella ya no es derecho limitado, sino facultad del dominio.

La influencia limitada sobre las cosas presenta caracteres jurídicos diversos según su contenido, y así se distingue entre:

a) unos **derechos** llamados **de goce,** porque representan el disfrute parcial o total de la cosa. Generalmente este disfrute se ejerce a través de la posesión de una parte de la cosa o aun de toda ella, como el usufructo y las servidumbres positivas, pero también puedo disfrutar sin poseer: por ejemplo, el derecho a que no se edifique en el solar vecino proporciona luz abundante a mi finca, pero no me permite entrar en dicho solar o influir en él de otra manera;
b) los **derechos reales de garantía,** en cuya virtud el valor en venta del bien asegura contra el eventual incumplimiento de una obligación pecuniaria. Sobre todo, los derechos de prenda e hipoteca; y
c) los **derechos de adquisición,** que permiten reclamar en beneficio propio la transmisión de derechos sobre la cosa a quienquiera que la tenga: por ejemplo, el retracto, que permite al retrayente comprar una cosa cuando su dueño la vende a otro por el mismo precio que dé ese otro; o el derecho real de opción, cuyo titular puede adquirir la cosa por el precio y durante el tiempo convenido, de quien sea propietario de ella.

Tema IV
LAS COSAS. EL PATRIMONIO

I. CARACTERES Y CLASIFICACIONES DE LAS COSAS

1. Bienes y cosas

El concepto de bien comprende a todos los objetos valiosos, materiales e inmateriales. Un bien sólo tiene tal condición cuando, de algún modo, puede ser dominado y apropiado por el hombre. El concepto de **bien** es más amplio que el de cosa: un invento, por ejemplo, es un bien, pero no es una **cosa.** Las cosas son bienes tangibles y corporales: un árbol, un alfiler; mientras que otros bienes no tienen cuerpo, como las energías, las ideas (creaciones literarias o artísticas, inventos, etc.).

En el tráfico lo que vale no son las cosas, las ideas o las energías, sino los derechos sobre ellas, si bien en el lenguaje vulgar hablamos de la **cosa** cuando queremos referirnos al **derecho.** Así, si yo vendo mi reloj, dispongo de mi derecho de propiedad sobre él, y sólo a través de él, de la cosa, sin embargo, nunca diré que he vendido la propiedad del reloj, sino el objeto material mismo.

2. Concepto de cosa

En la práctica no se suele plantear el problema de saber qué es una cosa, sino el de saber cuándo se vende, arrienda, hipoteca, etc., una cosa, hasta dónde llega el objeto vendido, arrendado o hipotecado: aquello que constituye una unidad en el tráfico y puede ser objeto de derechos independientes.

Esta referencia al tráfico nos advierte que se trata de un concepto cuya delimitación se hace caso por caso y con arreglo a ideas más bien corrientes. Un cuerpo físico es cosa en sentido jurídico cuando tiene individualidad propia según la apreciación común, y mientras la conserve.

Los áridos, fluidos, gases, entran en ese concepto cuando se individualizan, por ejemplo, el trigo guardado en un granero.

Los aparatos o artefactos —cosas **compuestas**— son una sola cosa; sin embargo las piezas de los mismos, una vez separadas, son igualmente cosas. Dígase lo mismo de las cosas simples cuyas partes, si las hay, son obra de la naturaleza y normalmente insustituibles (un árbol, un animal), pero tales partes, separadas, también pueden constituir cosas independientes (una rama, una pierna de cordero).

3. Bienes muebles e inmuebles

A la división de los bienes en muebles e inmuebles le concede el Código civil evidente importancia, abriendo el tratado de los bienes el art. 333 según el cual *todas las cosas que son o pueden ser objeto de apropiación se consideran como bienes muebles o inmuebles*. El Código civil parte de la idea de que los bienes inmuebles son los de mayor importancia económica, y establece por eso mayores cautelas y exigencias al regular su adquisición y tráfico. Hoy, los motivos que impulsaron a distinguir entre la regulación de los bienes muebles y los inmuebles están superados.

Esto no quiere decir que la distinción entre bienes muebles e inmuebles deba desaparecer, sino que actualmente han de tratarse a partir de otros fundamentos y ello acarrea distintas consecuencias.

El Código civil define como bien inmueble a la finca (las tierras, dice el art. 334-1.º) y, como parte de ella, a los objetos que se le incorporan: edificios, caminos y construcciones de todo género adheridos al suelo (art. 334-1.º); los árboles y plantas y los frutos pendientes, mientras estuvieren unidos a la tierra y formaren parte integrante de un inmueble (2.º); todo lo que está unido a un inmueble de una manera fija, de suerte que no pueda separarse de él sin quebrantamiento de la materia o deterioro del objeto (3.º). En realidad se trata de partes integrantes de la finca que reciben de ella su existencia o soporte y que necesariamente la acompañan en el tráfico.

También atribuye el Código civil la condición de bien inmueble a las minas, canteras y escoriales mientras su materia permanece unida al yacimiento, y a las aguas vivas o estancadas (art. 334-8.º del Código civil), así como a ciertos objetos muebles situados en la finca y más o menos unidos a ella: por ejemplo, a las máquinas, vasos, instrumentos o utensilios destinados por el propietario de la finca a la industria o explotación que se realice en un edificio o heredad, y que directamente concurran a satisfacer las necesidades de la explotación misma.

Todos los otros bienes no consistentes en cosas, o las cosas no incluidas en esta enumeración, son muebles. Según el art. 335 del Código civil, se reputan bienes muebles los susceptibles de apropiación no comprendidos en el capítulo anterior y, en general, todos los que se pueden transportar de un punto a otro sin menoscabo (en su caso) de la cosa inmueble a que estuvieren unidos.

4. Otras clasificaciones

a) El Código civil, en el art. 337 plantea la antítesis entre cosas consumibles y no consumibles (el precepto, erróneamente, les llama «fungibles»), explicando que a la primera especie pertenecen aquéllas de que no puede hacerse el uso adecuado a su naturaleza sin que se consuman, a la segunda especie corresponden las demás.
b) En sentido propio, son cosas fungibles las que se pueden sustituir unas por otras (un billete de banco, trigo de tal calidad). Las cosas fungibles carecen por sí de individualidad: constituyen un género. Por eso la deuda de bienes fungibles tiene un régimen distinto de la de bienes concretos individualizados.

5. Los frutos. concepto y clases

Algunas cosas tienen la cualidad de generar o producir otras, sin mengua de su propia individualidad y esencia: un manzano produce manzanas. Esta producción, jurídicamente, son frutos, desde los orígenes del Derecho Civil. También lo son, por analogía, los productos inorgánicos que proporciona el subsuelo: el mineral de una mina.

En un segundo aspecto, y frente a estos frutos inmediatos, la actividad industrial o simplemente comercial o de servicios, cuando se desarrolla sobre la base de un capital —utillaje, establecimiento, etc.—, produce unos beneficios que no son atribuibles a la pura actividad personal: beneficios pecuniarios de explotación son calificados con el mismo nombre de frutos.

Finalmente, en idéntica línea, y desde mucho antes, la privación del goce de un objeto propio (casa, caballo, dinero), para cederlo temporalmente a otro a título oneroso, se traduce en una retribución periódica, beneficio o fruto: el dinero se presta a cierto interés anual.

El primer concepto está representado en el Código civil por los dos primeros párrafos del art. 355: son frutos naturales —dice— las producciones espontáneas de la tierra, y las crías y demás productos de los animales. Son frutos industriales los que producen los predios de cualquier especie a beneficio del cultivo o del trabajo.

Frutos civiles —continúa el art. 355 del Código civil— son el alquiler de los edificios, el precio del arrendamiento de tierras y el importe de las rentas perpetuas, vitalicias u otras análogas.

6. El patrimonio

Según el art. 1911 del Código civil, *del cumplimiento de las obligaciones responde el deudor con todos sus bienes, presentes y futuros*. Quiere decir que la responsabilidad por deudas afecta, en principio, no a unos bienes concretos del deudor, ni a todos los que tiene en el momento de contraer la obligación, sino a todos los que se hallen o deban hallarse en su poder cuando, a falta de cumplimiento voluntario, se pida éste judicialmente y se inicie el embargo. La responsabilidad —se dice— abarca al total patrimonio bruto de la persona, si bien con la posible concurrencia de los restantes acreedores del titular, cuyas pretensiones componen su pasivo.

Este concepto de patrimonio apenas lo maneja el Código civil, ni los Tribunales civiles, pero sí la doctrina, y conviene conocerlo. **Por pa-**

trimonio de una persona se entiende el conjunto de sus bienes y sus deudas. Cuando fallece la persona, este patrimonio se transforma en herencia: conjunto de todos los bienes heredables del difunto, que responde de todas sus obligaciones.

Tema V
LA POSESIÓN

I. CONCEPTO

Poseer una cosa es tenerla uno en su poder, mantener con ella un contacto físico tal que quienes lo contemplan consideran que la cosa está sometida a la voluntad del que la tiene.

Así, yo **poseo** el piso que habito, o el automóvil o la bicicleta de los que soy dueño o que me han prestado por unos días.

El poseedor, por el hecho de tener la cosa, con derecho o sin él, está protegido por el ordenamiento en su tenencia, de modo que nadie puede arrebatarle la cosa sin su voluntad, salvo la autoridad en los supuestos en que la ley le faculte para ello; fuera de estos supuestos, cualquiera que sea poseedor de una cosa tiene *derecho a seguir teniéndola.*

Tal es el significado del art. 446 del Código civil, con arreglo al cual *todo poseedor tiene derecho a ser respetado en su posesión; y, si fuere inquietado en ella, deberá ser amparado o restituido en dicha posesión por los medios que las leyes de procedimientos establecen.* Estos medios son los interdictos (término que como tal ha desaparecido de la LEC, pero cuya utilización y concepto siguen siendo válidos), acciones destinadas a reponer en la posesión a quien se hallaba en ella y ha sido despojado sin su voluntad y fuera de las vías jurídicas oportunas.

2. Elementos de la posesión

El "derecho a seguir teniendo" sólo se produce, sólo nace, cuando hay verdadera posesión, es decir, cuando el contacto entre el hombre y la cosa se presenta de tal modo que el hombre tiene la cosa en su poder: dominándola él y no los demás.

La posesión protegible se compone de dos elementos: uno físico (*corpus*), representado por el contacto suficiente con la cosa, por su tenencia efectiva, y otro espiritual, volitivo (*animus*), o sea la consciencia o la intención de tener. Los autores más recientes están de acuerdo en que, en cualquier caso, el factor físico y el espiritual se manifiestan de ordinario unidos y a la vez mediante la apariencia exterior.

Poseedor, en el sentido del art. 446 del Código civil, es aquella persona que domina inequívocamente la cosa con exclusividad y se halla en situación objetiva de influir permanentemente sobre ella y servirse de ella con arreglo al destino señalado por su naturaleza: todo eso según la valoración de aquel tipo de comportamiento y aquel objeto por la gente. Si, por ejemplo, dejo durante la noche en mi finca, no cercada, la cosechadora, aunque yo vaya a pernoctar a mi casa de la ciudad no puede decirse que pierda su tenencia ni nadie pensará que la abandone por este simple hecho; más si se me cae en el surco el reloj de bolsillo, aunque yo sepa dónde está, no recogiéndole, pierdo su tenencia, porque con arreglo a su destino normal y las concepciones sociales la posesión de un reloj de bolsillo exige otros requisitos de proximidad física que la de una cosechadora.

3. Adquisición y pérdida de la posesión

Intuitivamente, vemos que la posesión se adquiere con la influencia física sobre la cosa, y tal viene a decir el art. 438 del Código civil, *por la ocupación material de la cosa o derecho poseído, o bien por el hecho de quedar éstos sujetos a la acción de nuestra voluntad* (todo ello sin violencia: véase art. 441 del Código civil). Tal señorío fáctico sobre la cosa, al ser mero hecho, no requiere capacidad específica: los menores e incapacitados —dice el art. 443— pueden adquirir la posesión de las cosas.

En efecto, aun las cosas que capta o recoge el enteramente privado de sus facultades mentales o el niño de corta edad, son de algún modo poseídas por ellos. Piénsese, ya en un orden puramente animal, en el perro de caza que cobra la pieza. Por supuesto, los menores e incapaces necesitan de la asistencia de sus representantes legítimos para usar de los derechos que de la posesión nazcan a su favor (art. 443 del Código civil).

Si la posesión es un derecho subjetivo, y los derechos pueden poseerse sin necesidad de una influencia física directa (posesión mediata), es claro que también puede adquirirse la posesión, en cuanto derecho, por los actos propios y formalidades legales establecidas para adquirir tal derecho (art. 438 del Código civil); y asimismo por representante legal o voluntario, o por un gestor sin mandato cuya gestión se ratifique (art. 439 del Código civil).

La posesión se pierde por abandono (causa subjetiva), destrucción de la cosa (causa objetiva), y, en particular, según el art. 460-4.º del Código civil, *por la posesión de otro, aun contra la voluntad del antiguo poseedor, si la nueva posesión hubiese durado más de un año.*

4. Efectos de la posesión

a) *Presunción de titularidad.* El contacto con la cosa cuando se practica a título de propietario, usufructuario, o en virtud de una supuesta servidumbre, etc., hace presumir la situación que se aparenta: según el art. 448 del Código civil *el poseedor en concepto de dueño tiene a su favor la presunción legal de que posee con justo título, y no se le puede obligar a exhibirlo*; será quien reclame al poseedor quien habrá de demostrar que tiene sobre la cosa poseída un derecho preferente, sin que, mientras tanto, haya de probar nada el que posee, para seguir poseyendo. Si Juan posee como dueño una finca, no tendrá que demostrar él que es propietario, sino quien reivindique la cosa.

b) *Posesión de buena y mala fe.* Todo poseedor tiene igual derecho a ser protegido en su posesión, pero no es igual el plazo preciso para adquirir la cosa ajena por larga tenencia (usucapión), variando los plazos según el tenedor sea de buena o mala fe, ni tampoco son iguales los derechos del poseedor no propietario (ni usufructuario, etc.) en cuanto a los frutos que ha percibido de la cosa sin un título jurídico que le autorice a hacerlos suyos.

Según el art. 433 del Código civil, *se reputa poseedor de buena fe al que ignora que en su título o modo de adquirir exista vicio que lo invalide*. Se reputa poseedor de mala fe al que se halla en el caso contrario. A su vez explica el art. 1950 *que la buena fe del poseedor consiste en la creencia de que la persona de quien recibió la cosa era dueño de ella, y podía transmitir su dominio*. Ambos preceptos son complementarios: la buena fe consiste en creer el poseedor que es verdaderamente titular (propietario, usufructuario, arrendatario, etc.), y esa creencia debe existir tanto en cuanto a la titularidad del transmitente como a la validez del acto de adquisición.

Dice el art. 434 del Código civil que *la buena fe se presume siempre, y al que afirma la mala fe de un poseedor corresponde la prueba*.

c) Adquisición de frutos. Según el art. 451 del Código civil, aun a falta de un título realmente existente (propiedad, usufructo, arriendo, etc.) que le otorgue la propiedad de ellos, *el poseedor de buena fe hace suyos los frutos percibidos mientras no sea interrumpida legalmente la posesión*. Se entienden percibidos los frutos naturales e industriales desde que se alzan o separan. Los frutos civiles se consideran producidos por días, y pertenecen al poseedor de buena fe en esa proporción. En cambio, *el poseedor de mala fe abonará los frutos percibidos y los que el poseedor legítimo hubiera podido percibir* (art. 455).

Tema VI
MODOS DE ADQUIRIR LA PROPIEDAD

I. LOS MODOS ORIGINARIOS DE ADQUIRIR LA PROPIEDAD Y LOS DEMÁS DERECHOS SOBRE LAS COSAS

1. El art. 609 del código civil

Según el art. 609 del Código civil, *la propiedad se adquiere por la ocupación. La propiedad y los demás derechos sobre los bienes se adquieren y transmiten por la Ley, por donación, por sucesión testada e intestada, y por consecuencia de ciertos contratos mediante la tradición. Pueden también adquirirse por medio de la prescripción.*

De los modos de adquirir la propiedad y los otros derechos sobre las cosas, a unos los califica la doctrina de **originarios:** por ejemplo, la *ocupación,* que consiste en tomar posesión de una cosa mueble que no pertenece a nadie, con ánimo de apropiarse de ella: Juan pesca un pez. En estos casos bien se ve que la adquisición de Juan no se relaciona con la pérdida de otro, ni necesita de la colaboración de un transmitente. Ocurre lo mismo con la usucapión o prescripción adquisitiva, y asimismo —fuera ya de la enumeración del art. 609— con la accesión.

2. Ocupación

Conforme al art. 610 Cc, *se adquieren por la ocupación los bienes apropiables por su naturaleza que carecen de dueño, como los animales que son objeto de caza y pesca, el tesoro oculto y las cosas muebles abandonadas.*

La ocupación es un modo de adquirir restringido hoy a ciertos bienes muebles de importancia relativamente escasa.

3. La usucapión

A. *Cuestiones generales*

Por la prescripción —dice el art. 1930, 1.º del Código civil— *se adquieren, de la manera y con las condiciones determinadas en la Ley, el dominio y demás derechos reales.*

La influencia del tiempo no se limita a la extinción de las pretensiones o derechos que tardan demasiado en usarse (prescripción extintiva), sirve también para atribuir a una persona derechos que aparenta tener, le pertenezcan o no.

Si A ha comprado una finca a B y la ha poseído desde la celebración del contrato, aun cuando la finca no fuera de B, deviene propietario de ella pasado cierto número de años. A las reclamaciones del verdadero dueño opondrá su adquisición por usucapión: es decir, por la posesión durante el tiempo señalado por la Ley para adquirir el derecho.

La opinión común considera a la usucapión como un *modo de adquirir*, en realidad su función principal es la de ayudar a quien ya tiene el dominio o el derecho real en cuestión, pero no puede demostrar su titularidad por haber extraviado las pruebas o no haberlas tenido nunca.

Requisito común a cualquier clase de usucapión es la posesión de la cosa usucapida o derecho usucapido, y no una tenencia cualquiera, se requiere la "posesión civil"(art. 430 Cc.) *la tenencia de una cosa o el disfrute de un derecho por una persona... unidos a la intención de haber la cosa o derecho como suyos*. La posesión apta para usucapir ha de ser, como dice el art. 447 del Código civil "en concepto de dueño": sólo la posesión que se adquiere y se disfruta en concepto de dueño puede servir de título para adquirir el dominio. La posesión apta para tal fin ha de ser *pública, pacífica y no interrumpida*(art. 1941 Cc.).

B. *Clases de usucapión*

Hay dos clases de usucapión, que se distinguen por los requisitos de cada una y, correlativamente, por el tiempo requerido para usucapir. Una usucapión llamada **ordinaria**, que exige la concurrencia de más requisitos pero se produce en menos tiempo. Y una **extraordinaria**, a la inversa.

a) Con arreglo al art. 1940 del Código civil, para la prescripción ordinaria del dominio y demás derechos reales, se necesita poseer la cosa con buena fe y justo título por el tiempo determinado en la ley.

El justo título es, en tema de usucapión, el hecho antecedente que justifica la tenencia como procedente de un anterior titular, que la ha transmitido legítimamente. El título por el que se posee se crea en el momento de empezar a poseer.

El título hace referencia, no al derecho adquirido (dominio, usufructo, inquilinato, etc.), sino al acto de adquirirlo: se tiene la cosa por el título de compra, o de arriendo, o de depósito, etc.

b) La usucapión llamada *extraordinaria* no precisa título ni buena fe, pero dura más tiempo.

c) Los plazos de usucapión son, pues, distintos para la ordinaria y la extraordinaria.

La propiedad de los bienes muebles *se prescribe por la posesión no interrumpida de tres años con buena fe* (art. 1955 Cc.)

También se prescribe el dominio de las cosas muebles por la posesión no interrumpida de seis años sin necesidad de ninguna otra condición.

Mientras, según el art. 1957 Cc., *el dominio y demás derechos reales sobre bienes inmuebles se prescriben por la posesión durante diez años entre presentes y veinte entre ausentes, con buena fe y justo título*. "Ausente" es aquél que reside en el extranjero (art. 1958 C.c.). Y, finalmente, se prescriben también el dominio y demás derechos reales sobre los bienes inmuebles por su posesión no interrumpida durante treinta años, sin necesidad de título ni de buena fe, y sin distinción entre presentes y ausentes (art. 1959 C.c.).

No es preciso que posea todo el tiempo la misma persona: basta que haya una serie de personas que se hayan comunicado pacíficamente una a otra la posesión (art. 1960 C.c.).

II. LA ADQUISICIÓN DERIVATIVA DEL DERECHO SOBRE LA COSA

1. En general

Se llama *derivativa* a la adquisición de cosa procedente de un titular de quien se recibe: el derecho del adquirente, entonces, depende del de ese anterior titular, y el nuevo dueño recibirá la cosa tal como se hallaba en manos del antiguo. Rige aquí la regla de que "nadie da lo que no tiene": nadie puede transmitir un derecho del cual no es el titular.

La adquisición derivativa puede ser por herencia o legado de una persona que ha fallecido *(mortis causa),* o bien entre dos personas vivas *(inter vivos):* un transmitente y un adquirente. De la primera trata el Derecho de sucesiones, y la segunda la analizamos a continuación.

2. Título y modo

Los bienes se adquieren y transmiten por donación, y por consecuencia de ciertos contratos mediante la tradición. Esto último significa que el contrato no es suficiente para adquirir el dominio o los otros derechos sobre las cosas, siendo necesaria también para ello, la entrega del objeto cuya propiedad se quiere transferir.

3. La entrega de la cosa ("tradición") en el Derecho español

Dejemos por ahora, en el camino de la transmisión de la propiedad (y los restantes derechos sobre las cosas) el primer acto, esos "ciertos contratos" de que habla el art. 609 Cc. y que preparan la transferencia (título), y vamos al acto que perfecciona ésta, más corrientemente, en los derechos con visibilidad posesoria: la tradición o entrega de la cosa (modo).

El Código civil formula algunas reglas relativas a la tradición, con ocasión de regular la compraventa.

Primero, el art. 1462-1.º Cc. contempla el traspaso físico de la posesión inmediata al decir que se entenderá entregada la cosa vendida cuando se ponga en poder y posesión del comprador.

El art. 1462-2.º Cc., cuando se haga la venta mediante escritura pública, el otorgamiento de ésta equivaldrá a la entrega de la cosa objeto del contrato, si de la misma escritura no resultare o se dedujere claramente lo contrario. Este precepto se interpreta en el sentido de que la escritura sustituye a la entrega, de modo que la propiedad se transfiere por el otorgamiento de la escritura pública (si no resulta lo contrario de ella), sin necesidad de entrega ni de mención de la entrega en el documento. No es que la escritura sea una forma de entrega de la cosa, sino que cuando se otorga escritura no hace falta la entrega.

El art. 1463 Cc. se refiere a unas formas de entrega más espiritualizadas: fuera —dice— de los casos que expresa el artículo precedente, la entrega de los bienes muebles se efectuará por la entrega de las llaves del lugar o sitio donde se hallan almacenados o guardados: y por el solo acuerdo o conformidad de los contratantes si la cosa vendida no puede trasladarse a poder del comprador en el instante de la venta, o si éste la tenía ya en su poder por algún otro motivo.

Cuando no pueda tener aplicación el art. 1462, se entenderá por entrega el hecho de poner en poder del comprador los títulos de pertenencia, o el uso que haga de su derecho el mismo comprador, consintiéndolo el vendedor (art. 1464 Cc.).

Tema VII
LA PROPIEDAD

I. CONCEPTO

La propiedad es el derecho más pleno que se puede tener sobre una cosa, comprendiendo, en principio, todas las posibilidades de actuación sobre ella autorizadas por la ley.

Este derecho se puede referir a cualesquiera bienes, muebles o inmuebles, que pueden pertenecer, salvo concretas y escasas excepciones, a cualesquiera personas, privadas y públicas.

Más lo que nos parece hoy un concepto universal y permanente es —sin mengua de su importancia— el resultado de una evolución, que va desde una propiedad restringida a los bienes muebles a otra ilimitada y abarcando también a los inmuebles; y que en relación a éstos pasa por una fase histórica en que los derechos del dueño se reparten entre diversos sujetos, ninguno de los cuales puede identificarse con el pleno propietario que corresponde a nuestra idea actual del titular del dominio.

II. EL CONCEPTO DEL DOMINIO EN EL ART. 348 DEL CÓDIGO CIVIL. ASPECTO TÉCNICO

Según el art. 348-1.º Cc., la *propiedad es el derecho de gozar y disponer de una cosa, sin más limitaciones que las establecidas por las leyes.* Este modo de expresarse el legislador se critica por la doctrina desde dos puntos de vista:

a) Uno, técnico, por quienes entienden que se ha de prescindir, en la definición del dominio, de una falsa idea de la propiedad como suma de poderes; como un contenido que pueda descomponerse en facultades de disposición, goce, uso, posesión, reivindicación, etc.

b) Otro, político, por cuanto el precepto expresa una idea antisocial de poder absoluto sobre la cosa.

III. LAS FACULTADES DEL DOMINIO. CRÍTICA DE LA CONCEPCIÓN DEL DOMINIO COMO SUMA DE FACULTADES

El art. 348 Cc. configura al **dominio como el conjunto de la plenitud de dos facultades: la de *gozar* y la de *disponer*.**

El dueño tiene el disfrute de la cosa y su posesión como consecuencia natural de su condición de propietario y sin tener enfrente a otro sujeto con derechos sobre la cosa que limiten su actuación sobre ella. Al dueño pertenecen los frutos de la cosa por su condición de tal.

Asimismo puede disponer de la cosa materialmente, esto es, consumirla (si es consumible) o incluso destruirla. Si bien el Estado puede adoptar medidas para salvaguardar los bienes económicos del capricho antisocial de su tenedor.

Finalmente el dueño puede enajenar la cosa, esto es, disponer jurídicamente de ella. No obstante, la facultad de enajenar no es exclusiva y característica del dominio, ni aun de las cosas. Es disposición el gravamen, como si alguien constituye una servidumbre o una hipoteca.

La doctrina está de acuerdo en que la suma de las diversas facultades del dominio no recompone la propiedad, porque en el dominio queda un algo distinto de tales facultades, de modo que la suma de éstas nunca daría como resultado el dominio mismo.

IV. CARACTERES O NOTAS DE LA PROPIEDAD

Los civilistas alemanes han abandonado el intento de definir la propiedad como complejo de facultades y resaltan su aspecto unitario y homogéneo.

La plenitud potencial de dominación que constituye el núcleo no suprimible de la propiedad se puede descomponer en los siguientes caracteres:

a) Generalidad: el derecho abarca, en tanto no se halle gravado, la totalidad de las facultades, usos y posibilidades de la cosa, sin excepción.

El dominio se presume, en virtud de su generalidad, libre de cargas y gravámenes, mientras el derecho limitado es la excepción, no se presume y hay que demostrarlo (presunción de libertad del dominio).

b) Abstracción. El derecho del dueño es concebible con independencia de las facultades singulares, que pueden faltarle, mientras los derechos reales limitados representan la puesta en valor de una facultad aislada y no se conciben sin ella. A esto se le llama la abstracción del dominio.

c) Elasticidad. El dominio, se dice, es elástico, no ya porque pueda ser despojado de algunas o muchas facultades sin dejar de ser dominio, sino porque potencialmente abarca y reclama todas las posibles influencias sobre la cosa, reabsorbiéndolas en tanto no las tenga jurídicamente otro titular.

V. LA PROPIEDAD Y LAS PROPIEDADES

Como por su trascendencia social las distintas clases de cosas (tierras, edificios, dinero, frutos, etc.) difieren mucho entre sí, la configuración de la esfera de acción del dueño por la norma es asimismo, en cada caso, muy distinta. Pero en todos constituye esa esfera de acción el poder más pleno jurídicamente posible sobre la cosa, y vale la caracterización general del dominio ahora trazada.

VI. CRÍTICA Y DEFENSA DE LA DEFINICIÓN

La descripción de la propiedad como el derecho de gozar y disponer de una cosa sin más limitaciones que las establecidas en las leyes ha sido objeto de duras críticas porque permitiría al dueño la destrucción de la cosa. Sin embargo, si se toma en consideración el sentido gramatical y lógico del art. 348 Cc. sólo trata de de caracterizar a la propiedad como el más amplio poder reconocido por el ordenamiento jurídico sobre las cosas y conforma su contenido real a partir de la referencia a las limitaciones impuestas por las leyes.

VII. LA PROPIEDAD EN LA CONSTITUCIÓN

El art. 33 de la Constitución tras declarar en un tono neutro que *se reconoce el derecho a la propiedad y a la herencia* (de donde *nadie podrá ser privado de sus bienes y derechos sino por causa justificada de utilidad pública o de interés social, mediante la correspondiente indemnización*), en lugar de afirmar rotundamente que «la propiedad obliga», se limita a indicar que a la función social de estos derechos (la propiedad y la herencia) delimitará su contenido de acuerdo con las leyes.

Son, pues, las leyes las que han de puntualizar las consecuencias, y por tanto la intensidad, de la función social que, desde luego, el art. 33 reconoce al dominio, siquiera en medida incierta.

VIII. DEFENSA DEL DOMINIO

El art. 348 Cc., inmediatamente después de definir la propiedad, dice en su párrafo segundo que *el propietario tiene acción contra el tenedor y el poseedor de la cosa para reivindicarla*.

La vindicación de cada derecho es, no precisamente una facultad derivada de él, sino el derecho mismo en acción. Así, la del dominio: podemos pensar en un dueño que no tenga la facultad de goce, o la de disponer, pero no en uno que haya perdido la acción reivindicatoria, pues entonces ha perdido el entero derecho de propiedad.

La acción, para tener éxito, ha de interponerse:

a) Por quien demuestre ser dueño de la cosa que reclama, aunque no la haya poseído nunca.

b) Frente a quien posee la cosa y, sin derecho a ello, se niega a restituirla. Es absolutamente preciso para el éxito de la acción que el demandado tenga en su poder la cosa que se le reclama, pues mal puede ser condenado a entregar algo que no tiene, sin que la condena pudiera hacerse valer contra quien efectivamente posee la cosa, en lugar del condenado, ya que aquél no ha intervenido en el pleito.

c) La cosa que se reclama mediante la acción reivindicatoria ha de ser concreta y determinada, y estar totalmente identificada.

IX. PROPIEDADES ESPECIALES

Ante la existencia de diferentes tipos de bienes y cosas (inmuebles, tierras, obras de arte, creaciones intelectuales) muy heterogéneas, la actuación del dueño se ha configurado también como distinta a través de una pluralidad de regímenes y de diferente normativa, que ha dado lugar a lo que se vienen denominando *propiedades especiales*.

De esta forma la **propiedad urbana** se rige principalmente por la Ley del Suelo (Ley 8/2007, de 28 mayo). La **rústica** lo hace por la Ley de 12 enero 1973. Y la propiedad **forestal** por Ley 13/2003, de 21 noviembre, con reforma por la Ley 10/2006, de 28 abril.

De otra parte, los bienes inmateriales se caracterizan porque son creación del hombre (la obra literaria o artística, el invento), no son perceptibles físicamente, sino a través de su materialización en una cosa.

Los bienes inmateriales requieren por razón de su objeto de leyes especiales. Así la propiedad intelectual se rige por la Ley 23/2006, de 7 de julio; la materia objeto de esta Ley está sometida a constantes modificaciones de marcado carácter reglamentario impulsadas por organismos europeos y otros organismos internacionales.

Tema VIII
LA COPROPIEDAD. LA PROPIEDAD HORIZONTAL

I. LA COPROPIEDAD

1. La comunidad, en general

Según el art. 392 del Código civil, *hay comunidad cuando la propiedad de una cosa o de un derecho pertenece proindiviso a varias personas*.

La comunidad de bienes unas veces tiene su origen en el pacto, como cuando dos, puestos de acuerdo, compran una finca proindiviso para ambos, o una vaca; y otras se produce merced a un acontecimiento que con arreglo a la ley determina su nacimiento.

Las comunidades se rigen, salvo pacto o testamento que no infrinjan normas imperativas, por las reglas legales: el modelo-tipo de comunidad del Código civil aparece regulado en los arts. 392 y siguientes. Este modelo es el de aplicación general, salvo que el Código civil haya predispuesto otras reglas para supuestos concretos de cotitularidad, los cuales, entonces, escapan más o menos a la disciplina de los arts. 392 y siguientes.

La comunidad no es una sociedad. La sociedad, por expreso designio de las partes, está destinada a la obtención de ganancias, mientras la comunidad se forma, muchas veces sin contrato, entre personas que tienen unos bienes y pretenden conservarlos y disfrutarlos del mejor modo posible, pero no dedicarse al tráfico.

2. El modelo del Código civil. Concepto. La cuota

El Código civil regula la comunidad de derechos sobre bienes a través de su especie más importante: la propiedad de varios titulares sobre una misma cosa o copropiedad.

El condueño o copropietario, en el modelo del Código civil, tiene una participación sobre la (propiedad de la) cosa, que puede estar (aunque no necesariamente) expresada en números: el derecho del titular parciario se cuantifica a través de una cuota, expresión numérica del contenido de su participación: la mitad, o un quinto, o un milésimo.

Se presumirán iguales, mientras no se pruebe lo contrario, las porciones correspondientes a los partícipes en la comunidad (art. 393-2.º del Código civil).

3. El partícipe, la cosa común y la cuota

a) *Esfera de actuación individual: uso y disfrute*

La cuota da la medida del derecho de cada uno al disfrute de la cosa: de su participación en los frutos o rentas que produce. Así lo proclama el art. 393: *el concurso de los partícipes... en los beneficios... será proporcional a sus respectivas cuotas*. Sólo cuando en algún aspecto concreto la cuantificación no es posible o no se ha llevado a cabo, y en la duda, todos los partícipes tiene derecho al aprovechamiento con arreglo a sus posibilidades. Tal parece ser el sentido del art. 394 del Código civil, a cuyo tenor *cada partícipe podrá servirse de las cosas comunes, siempre que disponga de ellas conforme a su destino y de manera que no perjudique el interés de la comunidad, ni impida a los copartícipes utilizarlas según su derecho*.

b) *Cargas y gastos*

A tenor del art. 393-1º del Código civil, *el concurso de los partícipes... en las cargas será proporcional a sus respectivas cuotas*, añadiendo el art. 395 que *todo copropietario tendrá derecho para obligar a los partícipes a contribuir a los gastos de conservación de la cosa o derecho común. Sólo podrá eximirse de esta obligación el que renuncie a la parte que le pertenece en el dominio*. Renuncia que le libera de las obligaciones que pueda ulteriormente contraer la comunidad, pero no de las anteriores.

c) Esfera de actuación colectiva: administración de la cosa común

Conforme al art. 398-1º a 3º del Código civil, *para la administración y mejor disfrute de la cosa común, serán obligatorios los acuerdos de la mayoría de los partícipes. No habrá mayoría sino cuando el acuerdo esté tomado por los partícipes que representen la mayor cantidad de los intereses que constituyan el objeto de la comunidad. Si no resultase mayoría, o el acuerdo de ésta fuera gravemente perjudicial a los interesados en la cosa común, el Juez proveerá, a instancia de parte, lo que corresponda, incluso nombrar un administrador.*

d) Disposición de la cosa común

De una cosa podemos disponer de dos maneras: o variando su esencia física o enajenando en todo o en parte el poder jurídico que tenemos sobre ella. En cuanto al primer modo, establece el art. 397 *que ninguno de los condueños podrá, sin consentimiento de los demás, hacer alteraciones en la cosa común, aunque de ellas pudieran resultar ventajas para todos*. En cuanto al segundo, es claro que la enajenación de la cosa sólo puede hacerse por todos los que en ella tienen parte, sin excepción.

e) Régimen de la participación o cuota

Según el art. 399 del Código civil, *todo condueño tendrá la plena propiedad de su parte y la de los frutos y utilidades que le correspondan, pudiendo en consecuencia enajenarla, cederla o hipotecarla, y aún sustituir otro en su aprovechamiento, salvo si se tratare de derechos personales. Pero el efecto de la enajenación o de la hipoteca con relación a los condueños estará limitado a la porción que se le adjudique en la división al cesar la comunidad*. Lo que llama el precepto *derechos personales*, son los personalísimos o intransmisibles.

Cuando un condueño vende su parte a persona distinta de los otros comuneros cualquiera de éstos tiene derecho a adquirirla él por el mismo precio (retracto: art. 1522 Cc.).

4. La división

Cuando la cosa de propiedad común se divide, cada comunero pasa a tener, para él exclusivamente, una parte de la cosa (división física), o bien una parte del valor de la cosa (división económica), si ésta no puede dividirse físicamente y ha de enajenarse para repartir su precio. En ambos casos la antigua pluralidad de titulares conjuntos se disuelve para dejar paso a titulares independientes y sin relación entre ellos; así lo acepta el art. 401-1º, con arreglo al cual *los copropietarios no podrán exigir la división de la cosa común, cuando de hacerla resulte inservible para el uso a que se destina*. Se entiende que no podrán exigir que se hagan porciones físicas y materiales de la cosa, pues, en cambio, este género de indivisibilidad no impide la partición en valor; *cuando la cosa fuere esencialmente indivisible* —dice el art. 404 C.c.—, *y los condueños no convinieren en que se adjudique a uno de ellos indemnizando a los demás, se venderá y repartirá su precio*. No es esencialmente indivisible un edificio, cuando la división pueda realizarse mediante la adjudicación de pisos o locales independientes, con sus elementos comunes anejos, en la forma prevista por el artículo 396 (art. 401-2.º Cc.).

El derecho del comunero a pedir la división es consustancial a la comunidad.

Cada dueño —dice el art. 400 C.c.— *podrá pedir en cualquier momento que se divida la cosa común*, si bien podrá pactar con los otros comuneros la indivisión por un período máximo de diez años.

Según el art. 402 Cc., la división de la cosa común podrá hacerse por los interesados, o por árbitros o amigables componedores nombrados a voluntad de los partícipes. En el caso de verificarse por árbitros o amigables componedores, deberán formar partes proporcionadas al derecho de cada uno, evitando, en cuanto sea posible, los suplementos en metálico. En lo demás, son aplicables aquí las reglas concernientes a la división de la herencia (art. 406 Cc.).

La partición legalmente hecha confiere a cada antiguo partícipe la propiedad exclusiva de los bienes que le hayan sido adjudicados.

II. LA PROPIEDAD HORIZONTAL

1. Concepto

La llamada propiedad horizontal regula la propiedad individual de pisos de una misma casa, y la situación de comunidad que se crea entonces entre todos los propietarios, ya que una parte de los elementos de la casa no puede, por su propia naturaleza, ser propiedad exclusiva de uno de los condueños o algunos de ellos: la escalera, por ejemplo, o las paredes maestras, o el patio de entrada, o la calefacción central.

Esta situación de mezcla de propiedad exclusiva del piso y copropiedad sobre ciertos elementos esenciales del edificio apenas había merecido la atención de la doctrina y la legislación hasta que, en 1939, se reforma el Código Civil para precisar su alcance y garantizar al adquirente de un local de negocio o vivienda su plena, indiscutida y perpetua propiedad.

El régimen de la llamada «propiedad horizontal» se regula, por vez primera, mediante Ley de 21 de julio de 1960, que contenía una regulación minuciosa y cuyos preceptos en buena parte no podían ser derogados por la voluntad de los condueños manifestada en los Estatutos y reglas de la comunidad: en particular, los referidos a la seguridad y conservación del edificio, respeto a la convivencia, y órganos de decisión y representación de la colectividad. En los puntos no previstos por la Ley o en los que ésta es disponible, la comunidad quedaba gobernada por sus Estatutos.

El art. 396 del C.c. y esa Ley de Propiedad Horizontal fueron modificados, de modo importante, por la Ley 8/1999, de 6 de abril, sobre todo en lo relativo a flexibilizar el régimen de mayorías para la adopción de determinados acuerdos y a la actualización de la organización de la comunidad de propietarios.

2. Título constitutivo

El título constitutivo de la Propiedad Horizontal es el documento en el que se consignan las circunstancias de hecho y de derecho que afectan a cada uno de los pisos o locales en particular, así como al inmueble en su conjunto (art.5 LPH).

En el título constitutivo constará:

- Descripción del inmueble en su conjunto, cargas o gravámenes, así como los servicios e instalaciones con que cuente
- Descripción de cada uno de los pisos o locales, señalando su extensión, linderos, planta y anejos.
- Cuota de participación que corresponde a cada piso o local.

3. Elementos comunes y privativos

Según el art. 3.º de la Ley, corresponde al dueño de cada piso o local:

a) El derecho singular y exclusivo de propiedad sobre un espacio suficientemente delimitado y susceptible de aprovechamiento independiente, con los elementos arquitectónicos e instalaciones de todas clases, aparentes o no, que estén comprendidos dentro de sus límites y sirvan exclusivamente al propietario, así como el de los anejos que expresamente hayan sido señalados en el título, aunque se hallen situados fuera del espacio delimitado.

b) La copropiedad, con los demás dueños de pisos o locales, de los restantes elementos, pertenencias y servicios comunes.

Este art. 3 continúa señalando: *A cada piso o local se atribuirá una cuota de participación con relación al total del valor del inmueble y referida a centésimas del mismo. Dicha cuota servirá de módulo para determinar las cargas y beneficios por razón de la comunidad.*

La determinación, en general, de los elementos comunes o privativos y la coexistencia de propiedad individual y copropiedad se establece en el art. 396 del Código civil, a cuyo tenor: *Los diferentes tipos o locales de un edificio o las partes de ellos susceptibles de aprovechamiento independiente por tener salida propia a un elemento común de aquél o a la vía pública, podrán ser objeto de propiedad separada, que llevará inherente un derecho de copropiedad sobre los elementos comunes del edificio, que son todos los necesarios para su adecuado uso y disfrute, tales como el suelo, vuelo, cimentaciones y cubiertas; elementos estructurales y entre ellos los pilares, vigas, forjados y muros de carga...*

Las partes en copropiedad —continúa el art. 396— *no son en ningún caso susceptibles de división, y sólo podrán ser enajenadas, gravadas o embargadas juntamente con la parte determinada privativa de la que son anejo inseparable.*

4. Posición del dueño del piso o local

a) Cada dueño tiene el uso y disfrute exclusivo de su piso, que puede realizar —salvo que otra cosa dispongan la ley o los estatutos— personalmente o arrendándolo o cediendo el uso por cualquier otro título. Pero el carácter comunal de su derecho se manifiesta en el cumplimiento de una serie de obligaciones consignadas en el art. 9 de la LPH.

b) Al dueño del piso se le señala en la escritura de constitución de la comunidad una cuota, habitualmente proporcional al valor real del piso (superficies, emplazamiento, situación) y al uso presumible de los servicios o elementos comunes. Dicha cuota desempeña un doble papel de una parte, fijar la contribución a los gastos generales para el adecuado sostenimiento del inmueble sus servicios, tributos, cargas y responsabilidades que no sean susceptibles de individualización (art. 9 e)); y de otra, cuantificar la participación del condueño en el derecho al solar (si se destruye el edificio), sobreelevación, precio de expropiación, etc.; así como cuantificar el voto para los acuerdos en la Junta.

5. Funcionamiento de la comunidad

Las comunidades de propietarios en régimen de propiedad horizontal tiene una serie de Organos de Gobierno:

a) Junta de propietarios, que decide en todos los asuntos de la comunidad, aprobación y reforma de estatutos, plan de gastos e ingresos, obras o mejoras que no sean de mera gestión, normas de convivencia, nombramientos y remociones, control de la administración, etc. (art. 14 de la LPH)

b) El presidente, elegido en el seno de la junta, además de convocarla y presidirla (art. 15), tiene «la representación, en juicio y fuera de él, de la comunidad, en los asuntos que la afecten» (art. 12).

c) Cabe nombrar un administrador, que puede no ser condueño.

Tema IX
EL REGISTRO DE LA PROPIEDAD

I. EL REGISTRO DE LA PROPIEDAD

El Registro de la propiedad es la oficina donde se toma razón de los derechos sobre los bienes inmuebles y se publican tales derechos. Se crea a partir de la Ley hipotecaria de 1861.

La razón de la importancia del Registro de la propiedad estriba en la necesidad de dotar de certeza a las transmisiones inmobiliarias. Así, si alguien va a comprar un piso necesita saber, tener certeza, de quien es su verdadero propietario, para no comprar a alguien que no pueda transferir la propiedad. De la misma manera al dueño del piso le interesa poder demostrar en cualquier momento que el piso es suyo.

Sin la existencia del Registro de la propiedad que sirve como medio de prueba que garantiza la titularidad del vendedor, el comprador no estará seguro de que, por ejemplo, ese mismo vendedor no le haya transmitido esa misma finca, con anterioridad a otra persona. Del mismo modo, si Antonio pide un préstamo y quiere garantizar su devolución constituyendo una hipoteca sobre una finca, el Banco que le va a conceder el préstamo, si no existiese el Registro de la propiedad, no sabría si esa finca es de Antonio, o si está libre de cargas o gravámenes.

El Registro de la propiedad es, por tanto, un medio de prueba de las titularidades y los derechos que en él constan inscritos, que puede servir no solo a su titular sino a cualquier interesado, ya que el Registro de la propiedad es público. Si, por ejemplo, María ha sido nombrada heredera y en el testamento del difunto consta que le deja una finca rústica del término municipal de Villalpando, a través del Registro averiguará cual es la finca en concreto; en este mismo caso, si el difunto había perdido los títulos de propiedad de esa finca, María puede valerse del Registro ya que tiene validez probatoria.

Pero el Registro de la propiedad, además de informar sobre todo lo que consta inscrito, garantiza el contenido de sus inscripciones —siempre que se den ciertas condiciones— haciendo eficaces los contratos que se celebren en base a esas inscripciones. Lo que consta en el Registro, aunque en la realidad sea falso, sirve frente al nuevo adquirente que ha confiado en esa constancia registral, como si fuera verdadero. Cuando en el Registro consta que Antonio es propietario de una finca, se presume que es suya; cuando María se la compra, a ella le basta con esa constancia registral (que es apariencia de titularidad) para adquirir la finca, aunque luego resulte que, por las razones que sean, el Registro era inexacto y Antonio, desde le punto de vista registral, no era el dueño de la finca. Pero María ha confiado en lo que consta en el Registro, que hace que sus asientos constituyan una especie de *verdad oficial*.

Lo anterior no significa que sea necesaria la inscripción en el Registro de los títulos adquisitivos de bienes inmuebles para adquirir los derechos que de ellos se derivan, con excepción de la hipoteca. En Derecho español la transmisión de los derechos sobre bienes inmuebles sigue el sistema recogido en el art. 609 del C.c. según el cual las cosas se adquieren y transmiten *por consecuencia de ciertos contratos mediante la tradición*.

II. ORGANIZACIÓN Y FUNCIONAMIENTO DEL REGISTRO

El Registro se lleva por fincas, de tal modo que, en un mismo *folio* quedan consignadas todas las circunstancias que, desde el punto de vista jurídico, afecten a dicho inmueble; así, en cada momento, puede averiguarse el estado jurídico de la finca de que se trate. La publicidad del Registro, por tanto, se fundamenta en la finca y no el el propietario que lo sea en cada momento.

Hay que tener en cuenta que al Registro solo acceden documentos públicos, por tanto, solo pueden inscribirse derechos que consten en dichos documentos públicos.

Cada finca se inscribe en un *folio* aparte al que se le asigna un número determinado. Bajo este número se inscriben todo los actos de trascendencia jurídica que tengan relación con el inmueble y definen su situación, de tal modo que quien consulte el Registro puede saber cual es la situación actual de esa finca y también la *historia* de la misma.

A. Inmatriculación

La primera inscripción de cualquier finca en el Registro es una inscripción de dominio, del título de propiedad, en la que se exige determinar quien es el dueño. A esta primera inscripción se denomina *inmatriculación*.

Esta inmatriculación abre *folio registral*. Ello tiene como consecuencia que se inscribe el derecho y se inmatricula la finca. A ello se puede llegar por dos procedimientos:

- Ante el Juzgado de primera instancia, probando el dominio de quien solicita la inscripción.
- Presentando en el Registro la escritura pública de adquisición y habiéndose publicado edictos en el Ayuntamiento donde se encuentre ubicada la finca, sin que haya habido reclamación.

B. Asientos registrales y procedimiento de inscripción

En el Registro de la propiedad a toda inscripción o anotación se le denomina *asiento registral*, pero cada uno tiene su función y su denominación. Así los principales *asientos* son:

- *Asiento de presentación*. La presentación en el Registro del documento público (notarial, judicial o administrativo) para su ulterior inscripción —si el Registrador lo califica favorablemente—, se hace a través de este asiento y se hace constar en un libro llamado Diario. En este asiento se hace mención de la fecha y hora exacta de la presentación así como una brece referencia de la finca, del derecho que se pretende inscribir y de su titular. Esta fecha es la que sirve como de eficacia de la inscripción o anotación que después se practique y es básica para la aplicación de la regla *prior tempore, potior iure* (primero en el tiempo, primero en el derecho.
- *Asiento de inscripción*. Se denomina así, en sentido técnico, al que sirve para publicar cualesquiera derechos reales sobre bie-

nes inmuebles y las atribuciones de titularidad dominical sobre estos mismos bienes. Es al que acceden los contratos, las resoluciones judiciales o los cambios de titularidad a través de transmisiones hereditarias. Es un asiento de carácter de perdurabilidad en tanto no haya otro, posterior en el tiempo, de la misma naturaleza, que sea contradictorio.

- Asiento de *anotación preventiva*. Son una especie de advertencias que se hacen sobre situaciones dudosas de los bienes. Se trata de un aviso a posibles adquirentes de que sobre ese inmueble existe una reserva de derechos de un reclamante anterior. Las anotaciones preventivas fundamentales son las de embargo y las de demanda. Es un asiento con menos efectos que la inscripción y de carácter transitorio.

Una vez que se ha presentado el título en el Registro, el Registrador lleva a cabo su función calificadora que consiste en determinar si ese título reúne o no las condiciones legales para proceder a la práctica del asiento de que se trate. Esas condiciones son básicamente:

— Que el contrato o acto se refiera a la creación, transmisión, modificación o extinción de un derecho real sobre un inmueble.

— Que el contenido del documento que se presenta sea legal.

— Que quien va a ostentar la nueva titularidad real traiga causa del titular registral anterior; esto se denomina tracto sucesivo.

Una vez que el Registrador ha llevado a cabo su función calificadora, si es favorable procede a la práctica del asiento solicitado; si es negativa manifiesta el defecto al solicitante, señalando si es o no subsanable. Contra la calificación del Registrador se puede interponer recurso ante la Dirección General de los Registros y del Notariado.

C. Derechos inscribibles

En el Registro de la propiedad son inscribibles los documentos públicos que contienen actos y contratos que crean, modifican, transmiten o extinguen derechos reales sobre bienes inmuebles.

Aunque al Registro se lleven los actos y contratos que consten en documento público, lo que el Registro publica son los derechos que de esos contratos se derivan. Cuando María le compra una finca a Antonio, lo que se lleva al Registro es la escritura pública de compraventa, pero lo que publica el Registro, y lo que es eficaz frente a todos, es que María es propietaria.

D. Efectos de la inscripción

Se ha señalado que para que el derecho contenido en el título que se presenta a inscripción en el Registro pueda ser inscrito, ha de proceder del titular registral, o lo que es lo mismo de persona que el en el Registro tenga facultades para transmitir; ello representa una garantía de la titularidad de quien transmite. Pro ello el art. 38 de la Ley hipotecaria establece que: *los derechos reales inscritos en el Registro existen y pertenecen a u titular en la forma determinada por el asiento respectivo.*

Esa presunción significa que quien figura en el Registro como propietario o como usufructuario lo es realmente y es lo que se denomina *presunción de exactitud*del Registro de la propiedad; esta presunción es oponible en juicio y fuera de él.

Pero en el Registro de la propiedad no solo está protegido el titular registral a través de esa presunción, sino que también está protegido el adquirente. La información que aparece publicada en el Registro supone una garantía de veracidad en la que puede confiar cualquier persona que vaya a adquirir un bien inmueble. Así quien adquiere lo hace de buena fe, confiando en la veracidad de la información del Registro. Este es el sentido del art. 34 de la Ley hipotecaria cuando establece: *El tercero que de buena fe adquiera a título oneroso algún derecho de persona que en el Registro aparezca con facultades para transmitirlo, será mantenido en su adquisición, una vez que haya inscrito su derecho, aunque después se anule o resuelva el derecho del otorgante por virtud de causas que no consten en el mismo Registro.*

La buena fe del adquirente, siguiendo un principio básico del Derecho civil, se presume siempre mientras no se pruebe que conocía la inexactitud del Registro.

Esta protección del Registro es total para quien reúne determinadas condiciones que son:

— Adquirir de quien en el Registro figura con facultades para transmitir.

— Adquirir de buena fe.

— Adquirir a título oneroso.

El Registro protege a quien adquiere de quien figura como titular en el Registro, aunque sea inexactamente y en realidad no sea el dueño.

Tema X
DERECHOS REALES LIMITADOS

I. USUFRUCTO

a) Concepto

El usufructo es un derecho real limitado que tiene una persona (usufructuario) en cosa de otro (nudo propietario).

Y que el art. 467 del Código civil define como *derecho a disfrutar los bienes ajenos con la obligación de conservar su forma y sustancia;* si bien añade a continuación: *a no ser que el título de su constitución o la ley autoricen otra cosa;* esto es, que autoricen a no conservar la forma y sustancia del objeto sobre el que se constituyó el usufructo.

El usufructo típico se aproxima a la propiedad temporal. El usufructuario, como el propietario, tiene derecho a gozar plenamente de la cosa; a extraer de ella la totalidad de sus utilidades; a usarla y poseerla con exclusión de otras personas, incluso del propietario; pero no puede conducirse frente a la cosa a su libre arbitrio.

El usufructo es un derecho esencialmente temporal. Se trata de una desmembración del dominio que no debe durar indefinidamente. Por eso se extingue —salvo que se haya pactado lo contrario— a la muerte de su titular (art. 513-1.º del Código civil), o si éste es una persona jurídica, al cabo de treinta años (y aquí no vale pacto en contrario: art 515 del Código civil).

b) Contenido del usufructo

El derecho fundamental del usufructuario es el de poseer la cosa y servirse de ella obteniendo cualesquiera ventajas compatibles con su naturaleza y destino económico, e incluso haciendo en ella mejoras que no alteren su forma y sustancia (art. 487 del Código civil).

El usufructuario puede elegir el modo de disfrute, como por ejemplo, cultivar la finca, o destinarla a su recreo, o arrendarla; habitar la vivienda, o darla en arrendamiento; e igualmente vender o donar su derecho, pero en cada supuesto de aprovechamiento ajeno, *será responsable del menoscabo que sufran las cosas usufructuadas por culpa o negligencia de la persona que le sustituya* (art. 498 del Código civil).

El límite fundamental de las facultades del usufructuario frente a la cosa usufructuada es la *obligación de conservar su forma y sustancia* (art. 467 del Código civil).

De acuerdo con el art. 497 del Código civil, *el usufructuario deberá cuidar las cosas dadas en usufructo como un buen padre de familia.* Asimismo habrá de realizar a su costa las reparaciones ordinarias o de mera conservación (art. 500 del Código civil), e igualmente pagará las contribuciones y los intereses de aquellas cantidades que, por grandes reparaciones en la cosa o contribuciones sobre el capital, hubiere satisfecho el nudo propietario (arts. 502 y 505 del Código civil).

c) Constitución y extinción del usufructo

El usufructo se constituye, sea por ordenarlo así la ley (como cuando, muertos el marido o la mujer, la ley confiere al otro cónyuge derecho a usufructuar una parte de los bienes del difunto), o bien por disponerlo así una persona en su testamento o convenirlo con otra en un contrato.

Constituido el usufructo, queda el usufructuario obligado (art. 491 del Código civil), antes de entrar en el goce de los bienes:

1. *A formar, con citación del propietario o de su legítimo representante, inventario de todos* (los bienes) *haciendo tasar los muebles y describiendo el estado de los inmuebles.*
2. *A prestar fianza, comprometiéndose a cumplir las obligaciones que le correspondan con arreglo a la ley:* ante todo, la restitución de los bienes al extinguirse el derecho.

El usufructo se extingue por las mismas causas que los otros derechos y además, por fallecimiento del usufructuario.

II. SERVIDUMBRES

a) Concepto

El art. 530 del Código civil define la servidumbre como *un gravamen impuesto sobre un inmueble en beneficio de otro perteneciente a distinto dueño. El inmueble a cuyo favor está constituida la servidumbre, se le llama predio dominante: el que la sufre, predio sirviente.*

El derecho de servidumbre es un derecho real, es decir, recae sobre la finca sin mediación de ninguna persona; sigue a la finca gravada y su subsistencia no sufre menoscabo por cambiar el inmueble de dueño.

Pero, a diferencia del usufructo, la servidumbre comprende sólo una utilidad concreta y limitada de la finca, perteneciendo todo el resto de su aprovechamiento al dueño o usufructuario.

Contenido del derecho de servidumbre puede ser cualquier utilidad que una finca pueda rendir a otra o a persona distinta de su dueño. Así, el paso, o las vistas, pero también abstenerse de ejercer en el inmueble gravado una actividad, industria o comercio; ya sea en beneficio del predio (finca) dominante, ya sea en favor de una persona.

Junto al usufructo común u ordinario, que hemos referido, existen los llamados usufructos especiales que el Código civil regula en diferentes artículos.

En cuanto a las **clases de servidumbres:**

a) Servidumbres legales y voluntarias; según tengan su origen en la ley o en la voluntad de los particulares.
b) Servidumbres prediales o personales. Son prediales las que se constituyen en favor de un inmueble, y personales aquéllas cuyo beneficio es una persona o comunidad.
c) Servidumbres aparentes y no aparentes. Son aparentes las que se anuncian y están continuamente a la vista por signos exteriores que revelan su uso y aprovechamiento. Las no aparentes

son aquéllas que no presentan indicio alguno exterior de su existencia.

d) Servidumbres positivas y negativas. Se llaman positivas las que imponen al dueño del predio sirviente la obligación de dejar hacer alguna cosa o hacerla por sí mismo. Negativas son las que prohíben al dueño del predio sirviente hacer algo que sería lícito sin la servidumbre.

e) Servidumbres continuas y discontinuas. Son continuas cuando su uso es o puede ser incesante sin la intervención de ningún hecho del hombre. Son discontinuas las que se usan a intervalos más o menos largos y dependen de actos del hombre.

b) Constitución y ejercicio

Las servidumbres se constituyen, como los demás derechos reales, por imposición de la ley, por contrato entre el dueño del predio dominante y el del sirviente, o incluso por disposición testamentaria del propietario del predio sirviente, u otro negocio jurídico adecuado a tal fin.

En cuanto al ejercicio, la servidumbre debe ejercitarse con buena fe, y haciendo compatible la obtención del máximo beneficio para el predio dominante con el mínimo agravio del sirviente.

El dueño del predio dominante podrá hacer, a su costa, en el predio sirviente las obras necesarias para el uso y conservación de la servidumbre, pero sin alterarla ni hacerla más gravosa. (Art. 543 del Código civil).

III. APROVECHAMIENTO POR TURNO DE BIENES INMUEBLES

Este derecho real se configura como tal y con carácter limitado a partir de su Ley reguladora de 15 de diciembre de 1998.

El contenido y la definición de este derecho aparecen contemplados en el art. 1 de la Ley al señalar que: *atribuye a su titular la facultad de disfrutar con carácter exclusivo, durante un período específico de cada año un alojamiento susceptible de utilización independiente por tener salida propia a la vía pública o a un elemento común del edificio en el que estuviera integrado, y que esté dotado, de modo permanente, con el mobiliario adecuado al efecto, y el derecho a la prestación de servicios complementarios.*

Se trata de un derecho que se constituye a partir de la Ley citada y que en su aplicación práctica recuerda a la antes denominada "multipropiedad", pero con marcadas diferencias en cuanto a su naturaleza y estructura.

Es un derecho que se constituye a través de un contrato entre la empresa dedicada a la comercialización de estos derechos y un particular que se convierte, una vez suscrito el contrato, en titular del derecho de aprovechamiento por turno, referido a un alojamiento en concreto ubicado en un inmueble destinado a la comercialización de este derecho.

El titular tiene derecho a:

- Disfrutar del alojamiento durante el tiempo que tenga asignado y pactado en el contrato (art. 9,1,7 de la Ley).
- Disfrutar de los servicios e instalaciones generales del inmueble en las condiciones determinadas en el contrato (art. 9,1,7 de la Ley).
- Posibilidad de participar en el servicio de intercambio de períodos de aprovechamiento.
- Desistir unilateralmente del contrato, dentro de los diez días siguientes a la celebración del mismo y sin necesidad de alegar ninguna causa (art. 10 de la Ley).

La obligación fundamental del titular del derecho es el pago del precio pactado, de acuerdo al contenido del art. 11.1 de la Ley y el abono de las mensualidades correspondientes a los gastos de mantenimiento del inmueble.

Este derecho real además de ser limitado tiene carácter temporal. De acuerdo con el art. 3.1 de la Ley la duración del régimen será *de tres a cincuenta años, a contar desde la fecha de inscripción del régimen jurídico o desde la inscripción de la terminación de la obra cuando el régimen se haya constituido sobre un inmueble en construcción*. Transcurrido el tiempo el derecho se extingue.

Tema XI
DERECHOS REALES DE GARANTÍA. CARACTERES COMUNES

Los derechos reales de garantía permiten prescindir de la solvencia actual y personal del obligado (art. 1911 del Código civil), al afectar al pago de la deuda, si éste no cumple, el valor de una cosa, que en tal caso se venderá para pagar al acreedor con el precio obtenido.

Son notas comunes a todos ellos:

A. *El carácter real.* Los derechos de garantía, de los cuales los principales son la *prenda y la hipoteca*, son derechos reales: derechos que, vinculando al cumplimiento de la deuda el valor en venta de uno o más bienes determinados, conceden al acreedor preferencia para cobrar del precio obtenido frente a los demás acreedores y un derecho de persecución que le permitirá hacer efectivo su derecho sobre los bienes gravados, sean cualesquiera las manos en que se hallen éstos y las enajenaciones que de ellos se hayan hecho. Así lo proclama el art. 1876 del Código civil para la hipoteca, al decir que ésta *sujeta directa e inmediatamente los bienes sobre que se impone, cualquiera que sea su poseedor, al cumplimiento de la obligación para cuya seguridad fue constituida*. Es decir, la garantía sigue al bien hipotecado o empeñado a través de los diversos dueños que pueda tener.

La prenda o la hipoteca pueden constituirse, indistintamente, por el deudor o por otra persona dueña de la cosa sometida al gravamen. Así lo autoriza expresamente el art. 1857 del Código civil, al decir que las *terceras personas extrañas a la obligación principal pueden asegurar ésta pignorando o hipotecando sus propios bienes*. Tenemos, en este caso, dos personas relacionadas con el acreedor: el deudor, mediante un vínculo personal que sujeta a responsabilidad todos sus bienes; y el dueño de la cosa hipotecada o empeñada, que no responde personalmente con su patrimonio ni es deudor, pero que se halla afectado por el derecho del acreedor de hacer que se venda la cosa si la deuda no se paga a su vencimiento.

B. *La accesoriedad.* Los derechos de garantía son accesorios a un crédito: no valen por sí, sino que se constituyen para servir a éste, y de él dependen.

C. *Prohibición del pacto comisorio.* La prenda y la hipoteca dan derecho a pedir que se venda la cosa dada en garantía para aplicar el precio conseguido al pago de la deuda, pero no permiten pactar que el acreedor se quedará directamente con la cosa, sin ponerla en venta, si la deuda no se paga (art. 1859 del Código civil); a este pacto que se prohíbe se le llama pacto comisorio.

D. *La responsabilidad real y la personal.* Cuando se constituye prenda o hipoteca en garantía de un crédito, el deudor sigue debiendo, personalmente, la deuda. En el caso de que el dueño de la cosa empeñada o hipotecada sea una persona y el deudor otra, el acreedor puede elegir entre: dirigirse mediante acción personal contra su deudor, que será condenado a pagar y no podrá alegar que se ha constituido garantía real; o bien dirigirse contra los bienes, haciendo caso omiso del deudor personal.

El análisis de cada uno de estos derechos reales en particular se hace en la parte correspondiente al aseguramiento del crédito, ya que estos derechos, manteniendo su categoría de reales, tienen su razón de ser y su eficacia para garantizar el cumplimiento de obligaciones y asegurar el derecho del acreedor.

Tema XII
LA OBLIGACIÓN

I. CONCEPTO DE LA OBLIGACIÓN

Toda obligación —dice el art. 1088 del Código civil— *consiste en dar, hacer o no hacer alguna cosa.* Como el dar es una acción, en definitiva toda prestación contiene un *hacer* o un *omitir.*

Pero no todo hacer u omitir algo es una deuda en el sentido que se entiende en el Derecho de Obligaciones.

En el ejemplo que se analiza a continuación el término **deber** no significa lo mismo en cada caso. Así, se dice que Luis debe:

a) hacer un regalo de boda a su íntimo amigo Pedro; se trata de una *obligación social,* cuya omisión puede ser, acaso, desaprobada y tenida en cuenta por el interesado, pero no determina ninguna sanción del Derecho, al cual es ajena.

b) contestar a una demanda judicial; será conveniente que Luis se defienda en el proceso iniciado contra él, para evitar una lesión de sus derechos o intereses, pero ninguna norma le obliga a contestar a la demanda (sólo corre el riesgo de perder el pleito, que seguirá adelante, y se fallará sobre la argumentación de su adversario, pero ello no implica que Luis haya de ser necesariamente condenado). En ninguno de ambos casos —ni en este ni en el anterior— hay, pues, deber jurídico.

c) pagar el impuesto sobre la renta; se trata de un deber jurídico que no es de Derecho Privado y responde a una necesidad de levantar las cargas comunes, individualizada en cada contribuyente, con arreglo a normas generales de puro Derecho Público. Hay, ciertamente, una deuda de una cantidad de dinero (la deuda tributaria); hay un acreedor (el Estado) y un deudor; pero la obligación es de puro Derecho Público, y no se gobierna por las normas del Derecho Civil.

d) alimentar y educar a sus hijos; se trata de una deuda a la que le son aplicables normas de Derecho Privado, pero se trata de una «obligación» extrapatrimonial, ajena a las reglas del Código en materia de deudas, y que viene impuesta a todos los padres por su condición de tales. Esta obligación puede adscribirse a una de las fuentes mencionadas por el art. 1089 del Código civil —la ley—, pero no por ello reúne los caracteres de una deuda ordinaria.

Para que el hacer u omitir algo constituye *deuda* para el Derecho Civil, es preciso, que a un concreto deber de prestar (dar, hacer u omitir algo) se contraponga una concreta facultad de exigir la prestación, y además que el binomio "derecho-deber" nazca de un negocio jurídico o de otro suceso que dé lugar a una relación "crédito-deuda" con fuerza de obligar.

En toda obligación hay *dos sujetos: acreedor* —que representa el lado activo— que es el *titular del derecho de crédito,* y deudor —que representa el lado pasivo— que es *a quien le incumbe el deber de cumplimiento de la obligación.*

Carácter común a todas las deudas, es constituir una relación entre particulares, en virtud de la cual uno puede exigir una prestación concreta y otro la debe, o bien se la deben recíprocamente dos o varios.

Por ejemplo: si el propietario de un automóvil que no ha terminado de pagar, ha recibido un préstamo de un Banco para esa finalidad, subrogándose el Banco en la posición del vendedor, el cliente de la Entidad que ha recibido el préstamo, es deudor por el importe del mismo, mientras que la Entidad bancaria al ser la prestamista tiene un derecho de crédito contra su cliente.

El ordenamiento de todas las relaciones de deuda, sus principios generales y sus casos particulares, constituye el **Derecho de Obligaciones.**

Tras una larga evolución histórica durante la cual el deudor respondía frente al acreedor del cumplimiento de la obligación con su persona, se llega al concepto actual conforme al cual son los bienes del obligado los que responden del cumplimiento de la obligación.

La obligación se presenta como un poder del acreedor de reclamar una prestación y hacerla efectiva frente al patrimonio del deudor.

II. FUENTES DE LAS OBLIGACIONES

El Derecho Civil sólo ampara a aquellas obligaciones que se asumen o atribuyen en las circunstancias y a través de las vías prevenidas por él. Es decir: nadie es *deudor*, en sentido jurídico, mientras no realiza actos —o se halla en situaciones— tales que, según la ley, *le obligan*. Si yo vendo a Luis la motocicleta, estoy obligado a entregársela porque he celebrado con él un *contrato*, y el contrato está admitido por la ley como fuente de obligaciones.

***Fuentes* de la obligación son, por tanto, aquellos actos, acontecimientos o situaciones a los que la ley otorga fuerza suficiente para hacer surgir la deuda.**

El Código civil enumera estas fuentes en el art. 1089, al decir que *las obligaciones nacen de la ley, de los contratos y cuasicontratos, y de los actos y omisiones ilícitos o en que intervenga cualquier género de culpa o negligencia.*

De estas fuentes hay dos que constituyen categorías generales, con independencia de los ejemplos particulares que regula el Código. Así, todo **contrato** válido compromete a los contratantes, lo mismo si es uno de los regulados en el Código o en una ley especial, que si ha sido inventado por la práctica, al margen de la ley (no contra ella), y carece de una disciplina legal. Y todo **acto culpable** que ocasiona un daño obliga a quien lo causa, frente al perjudicado, a reparar el daño que causó.

Quedan, de la enumeración del Código civil, las **obligaciones que nacen de la ley**, es decir, simplemente porque la ley lo dispone, sin concurso de la voluntad humana: así, las deudas derivadas del condominio o del usufructo, o las obligaciones procedentes de la tutela, y ante todo los alimentos legales, obligación de mantener a ciertos familiares muy próximos que crea la ley por sí sola.

Obligaciones como éstas las establece la ley exclusivamente en supuestos concretos y específicos, por lo cual declara el art. 1090 que *las obligaciones derivadas de la ley no se presumen*, es decir, que la existencia de una deuda no puede deducirse de la ley por meras conjeturas y presunciones de hecho: que el texto que la imponga ha de ser claro.

Cabe preguntarse si basta la propia voluntad de obligarse para quedar obligado, esto es, si quien promete puede quedar vinculado a cumplir lo prometido sin más acto que su manifestación de voluntad de querer obligarse, o bien, si tal voluntad, para que nazca la deuda, ha de quedar vinculada por otra que acepta la promesa. Es decir, si yo, cuando prometo dar la motocicleta a Luis, quedo obligado desde ese momento, o es preciso que Luis acepte el ofrecimiento. O cuando un banco ofrece depósitos a plazo a un tipo de interés determinado, queda obligado desde ese momento, o es preciso que otra persona acepte el ofrecimiento.

La declaración unilateral en principio no vincula, y a lo más constituye una oferta de liberalidad revocable; el legislador, de acuerdo con la tradición, considera nacida la deuda sólo a partir de la aceptación por el acreedor, expresa o tácita.

Sin embargo, excepcionalmente, surte plenos efectos la promesa de recompensa o premio: la que se hace, por ejemplo, a quien acuda primero a la emisora de televisión disfrazado de pantera; o halle el objeto robado o perdido. Tales efectos encuentran primero una justificación sociológica en la evidente conveniencia de que ciertas ofertas públicas y difundidas que, al brindar la expectativa de un premio, suscitan el interés y la confianza de los demás, deban ser mantenidas un tiempo razonable y vinculen al cumplimiento si el evento se produce. Esta conveniencia se ha convertido en necesidad: se estima que una promesa suficientemente publicada obliga al promitente, sin precisar aceptación, y esta estimación general, coincidente con la práctica constante del cumplimiento de la recompensa anunciada, constituye costumbre jurídica, a cuyo amparo (art. 1.º-3 del Código civil) puede hoy reclamar quien cumpla las condiciones puestas al efecto por el promitente, e incluso quien las cumpla antes de formularse la promesa si así puede deducirse en alguna medida del texto o las circunstancias de ésta.

III. OBJETO DE LA OBLIGACIÓN

1. La prestación

El art. 1088 del Código civil, cuando dice que *toda obligación consiste en dar, hacer o no hacer alguna cosa*, está refiriéndose a los contenidos posibles de la prestación. Esta consiste, como se ve, en una actuación positiva o negativa del obligado: en una *conducta:* ya sea la de dar una cosa (*dar* es un *hacer* específico), ya sea cualquier otro comportamiento positivo o negativo.

Se deduce del contenido del Código civil que la **prestación** objeto de una obligación ha de ser **posible, lícita y determinada;** características fundamentales en toda relación obligatoria.

a) *Posibilidad.* La obligación no nace cuando versa sobre una prestación originaria y absolutamente imposible (una cosa o hecho de imposible existencia o comercio), pues a la relación obligatoria le falta desde el primer momento un elemento esencial. La **imposibilidad** de la prestación puede serlo **de hecho** (prometo llegar al centro de la tierra) o **de derecho,** es decir, dar algo fuera del comercio, hacer algo prohibido por las leyes.

b) *Licitud.* Por licitud se entiende el ajuste del acto, de la cosa o de su tráfico, a las leyes o al mínimo moral social: a lo que el Código civil llama, en ocasiones, las "buenas costumbres" o la moral. La prestación habrá de ser lícita en sí, en su finalidad y en cuanto objeto de una vinculación. Comprar un tóxico de venta prohibida es ilícito. Comprar uno cuya venta se permite, para administrarlo a los ratones, es lícito, pero no para librarse de un vecino que resulta excesivamente latoso.

c) *Determinación.* La prestación ha de ser en algún modo determinable, pues de lo contrario su cumplimiento quedaría al arbitrio de una de las partes, lo cual está prohibido. Es decir: en una compraventa, por ejemplo, han de poder concretarse la cosa y el precio, aunque no es preciso que se individualicen exactamente en el contrato, bastando que éste contenga en sí un modo de determinación posterior.

En muchos contratos se remiten los contratantes implícitamente al precio usual. Esto es particularmente corriente en tema de servicios profesionales: cuando se llama a un médico o se acude a su consulta, no se le suele preguntar anticipadamente el importe de sus honorarios, y frecuentemente ocurre lo mismo con el abogado. A los servicios de reparación de cualquier máquina o artefacto, a veces no se les pide presupuesto. En tales casos, el precio no depende absolutamente del arbitrio del prestador de los servicios, sino de lo que es usual habida cuenta de todas las circunstancias, entre las cuales sí puede entrar la apreciación subjetiva de dicho prestador, junto con su tarifa habitual o las señaladas por la profesión, etc.

Ya se ha dicho que las prestaciones pueden consistir en un *dar*, en un *hacer*, o en un *no hacer*. Pero también hay que distinguir entre prestaciones u obligaciones *de medios y de resultados*.

En las **obligaciones de medios** el deudor *debe poner los medios* para alcanzar ciertos fines, pero sólo eso: por ejemplo, el médico no está obligado a garantizar la salud del enfermo, y sí, únicamente, la calidad de sus cuidados y ciencia aplicados para conseguirla. Aunque no se obtenga el resultado para el que se ponen los medios, el obligado no puede ser hecho responsable si no se prueba su negligencia.

En cambio, **la obligación de resultado** (dar algo, construir una casa, etc.), garantiza su obtención: por tanto, si el resultado no se produce, será el deudor quien deba demostrar el caso fortuito. O sea, que por el hecho de no haberse alcanzado el efecto práctico debido, queda patente, sin más, el incumplimiento, y, a partir de éste, es el deudor quien ha de probar que no ha sido culpable.

IV. TIPOS BÁSICOS DE OBLIGACIONES

1. Obligaciones alternativas

En las relaciones del tráfico jurídico es frecuente que se ofrezcan o pacten varias prestaciones, a elegir una de ellas: se rifa un chalet o tantas pesetas; Luis ha vendido por tal precio su automóvil o su plaza de garaje, a elegir por el comprador, etc.

Cuando uno se obliga a una de entre varias prestaciones, estamos en presencia de una ***obligación alternativa.*** Esta situación es más gravosa para el deudor que la deuda referida a una prestación única, ya que si se hace imposible (por pérdida o desaparición del objeto) alguna de las prestaciones elegibles, el deudor sigue obligado al cumplimiento de alguna de las otras.

Esa posibilidad de optar entre varias prestaciones termina con la llamada **concentración,** que consiste en **la elección de la cosa o servicio definitivamente debidos** que, según el art. 1132 del Código civil, *corresponde al deudor, a menos que expresamente se hubiese concedido al acreedor.*

La facultad de elegir —tanto si corresponde al deudor como al acreedor— es libre: se ejercita sin consideración a los intereses de la otra parte; cabe, por tanto, optar por la prestación más costosa, o la más barata o inútil.

La declaración de elección es unilateral pero debe ser comunicada a la otra parte. Conforme al art. 1133 del Código civil, la hecha por el deudor *no producirá efecto sino desde que fuere notificada;* y según el art. 1136 del Código civil *cuando la elección hubiere sido atribuida al acreedor, la obligación dejará de ser alternativa desde el día en que aquélla hubiese sido notificada al deudor.*

Una vez notificada a la otra parte la elección, esta manifestación es irrevocable.

2. Obligaciones genéricas

Las obligaciones genéricas son las que recaen sobre un objeto que no está individualmente determinado, sino sólo por su pertenencia a una clase más o menos amplia de objetos *sin características individuales,* y en esto se distinguen tales obligaciones de las alternativas. Por ejemplo, cien kilos de trigo de tal calidad; cien sacos de cemento; cien metros cúbicos de madera de pino de tal clase; o también la obligación de situar un automóvil en el aeropuerto a la llegada del viajero, pues tal automóvil carece de características individuales.

A estas prestaciones, no bien determinadas, se refiere el art. 1167 del Código civil al aclarar que *cuando la obligación consista en entregar una cosa indeterminada o genérica, cuya calidad y circunstancias no se hubiesen expresado, el acreedor no podrá exigirla de la calidad superior ni el deudor entregarla de la inferior.* Al eliminar las calidades superiores o inferiores la ley concreta la prestación al tipo medio, en una interpretación probable de la voluntad de las partes.

En los casos de posible elección entre calidades diferentes dentro de un mismo género, es donde se ve mejor la distinción entre las obligaciones alternativas y genéricas. Pensemos en una supuesta obligación de entregar una tarjeta de crédito a cualquier depositante de valores en un Banco; si la obligación es genérica deberá entregarse una de prestaciones medias (clasic, con límite de 600 €), mientras que si la obligación es alternativa se podrá elegir entre distintas Tarjetas y calidades (Visa, Eurocard, Plata, Oro, etc.).

Aunque todos los objetos de una obligación genérica sean de la misma calidad (un televisor de tal marca y modelo), es característica de ella la **indeterminación,** es decir, que no versa sobre un objeto concreto, sino uno a elegir o simplemente a separar de una masa, el resto de cuyos componentes no se halla afectado por tal obligación.

Mientras esta elección o separación (concentración) no tenga lugar, el objeto de la prestación es indeterminado: uno de entre todos los posibles.

Mientras la obligación de entregar una cosa específica (este cuadro que tengo en casa) desaparece si la cosa se pierde sin culpa del obligado, en cambio, tratándose de obligaciones genéricas, la deuda no se extingue por la desaparición de uno de los posibles objetos de la prestación, ya que quedan otros.

3. Obligaciones mancomunadas y solidarias

Estas obligaciones son aquéllas en las que en el lado activo (acreedor) o pasivo (deudor) de la obligación hay varios sujetos. Por ejemplo Luis y José deben cien mil pesetas a Pedro, o Pedro las debe a Luis y José; en el primer caso, hay dos deudores, y en el segundo dos acreedores.

La obligación será mancomunada o solidaria en función del tipo de responsabilidad en el cumplimiento de la prestación que tengan los deudores, o de las posibilidades de reclamación que tengan los acreedores.

Así, **la *obligación* será *mancomunada* cuando el crédito o la deuda estén divididos en tantas partes como deudores o acreedores haya** (art. 1138 del Código civil). En el primero de los ejemplos anteriores, Luis y José son deudores de Pedro por mil euros cada uno, independientemente, y si Luis no paga, José no queda obligado a suplir su falta. En el segundo de los ejemplos, si Pedro debe mil euros a Luis y José, sólo pueden reclamarle quinientos cada uno, y si sólo paga los quinientos de Luis, José no puede reclamarle a Luis que le dé una parte de lo que cobró.

Por el contrario, **la obligación solidaria** es aquélla en la que, existiendo varios acreedores o varios deudores, a cada deudor, indistintamente, se le puede reclamar toda la deuda, o cada acreedor puede reclamar el crédito íntegro. **Cada acreedor puede pedir y cada deudor debe entregar el total de la obligación.**

En los ejemplos puestos anteriormente, si Luis y José deben mil euros a Pedro, éste puede reclamar la totalidad indistintamente a cualquiera de los dos. Y si es Pedro quien debe los mil a Luis y José, cualquiera de ellos puede reclamar a Pedro íntegramente el total de la deuda.

Pero para que las obligaciones con pluralidad de sujetos tengan el carácter de solidarias, de acuerdo con el art. 1137 del Código civil, tiene que manifestarse expresamente en la constitución de la obligación. O sea, habiendo pluralidad de acreedores o deudores, se presume el carácter mancomunado del crédito o la deuda, salvo que expresamente se manifieste el carácter solidario de la obligación.

Frecuentemente, **la solidaridad de deudores** deriva de la voluntad del acreedor, que ha condicionado a ella su concesión de crédito, para así poder cobrar al deudor que elija y tener garantizada la obligación por todos los restantes. O lo que es lo mismo: al acreedor siempre le beneficia que la obligación se contraiga con el carácter de solidaria, ya que puede reclamar la totalidad de su crédito a uno solo de ellos.

Una vez nacida la deuda solidaria, se distinguen unas relaciones de los deudores solidarios frente al acreedor común, y otras de estos deudores entre sí.

a) *Relación de los deudores solidarios con el acreedor. El acreedor puede dirigirse contra cualquiera de los deudores solidarios o contra todos ellos simultáneamente* (art. 1144 del Código civil), para reclamarles el total de la deuda, o una parte a cada uno, a elección del acreedor hasta que cobre la deuda por completo.

Asimismo, y de acuerdo con el art. 1145-1.º del Código civil, *el pago hecho por uno de los deudores solidarios extingue la obligación.* Cualquier deudor puede intentar el pago de la deuda global, y una vez realizado —o consignado correctamente el importe en caso de *mora accipiendi*— queda extinguida la obligación; es decir, no sólo la propia responsabilidad del que paga, ni únicamente su efectiva deuda, sino la responsabilidad de todos y la deuda global frente al acreedor.

b) *Relación de los deudores solidarios entre sí.* Entre todos los deudores media una relación (interna) que se fundamenta en el importe real de cada deuda. Si uno de los deudores ha pagado, podrá pedir el reembolso de lo pagado a cada uno de sus compañeros (codeudores) por la parte de cada uno en la deuda, y, en principio, sólo por ella: nunca, pues, por el total. Como dice el art. 1145 C.c., el deudor *que hizo el pago sólo puede reclamar de sus codeudores la parte que a cada uno corresponda, con los intereses del anticipo.*

En cuanto a la **solidaridad activa o de acreedores** se reduce, en la práctica, a las cuentas corrientes o depósitos bancarios con titulares indistintos. Cualquiera de los titulares puede retirar el importe de su cuenta corriente o solicitar el reintegro del depósito; esto es, reclamar del deudor el cumplimiento de la obligación.

Conforme a la esencia de la solidaridad, *el deudor puede pagar la deuda a cualquiera de los acreedores solidarios; pero si hubiere sido judicialmente demandado por alguno, a éste deberá hacer el pago* (art. 1142 del Código civil).

4. Obligaciones pecuniarias

Las obligaciones pecuniarias son obligaciones de pagar una cantidad de dinero, y son las más genéricas que cabe imaginar, porque en su función propia, las unidades monetarias son absolutamente sustituibles y no presentan característica individual alguna.

Pero la deuda pecuniaria es algo distinto y algo más que una deuda genérica: versa sobre un objeto que se reduce a ser un instrumento de cambio, medio de pago y medida del valor de las otras cosas. En su forma de billete de banco el dinero es un mero símbolo, cuyo valor nominal, que nada tiene que ver con la materia de que se compone o los gastos de fabricación, es fijado por el Estado. El dinero trasciende de los signos exteriores que lo simbolizan: cuando un deudor paga mediante un talón bancario o un comerciante envía una remesa de letras a un banco para que se las descuenten y abonen el importe en su cuenta corriente, están manejando un *dinero* que carece de existencia física y puede no llegar a traducirse en signos monetarios.

El dinero existe siempre, como unidad de cuenta, aunque no lo posea el deudor (supuesto de la insolvencia), o haya cambiado el sistema monetario, o incluso si se destruyeran todas las unidades monetarias del país. Y, en consecuencia, la deuda de dinero, que no puede desaparecer por perecimiento de su objeto, es un tipo de obligación caracterizada por su objeto imperecedero, homogéneo, dotado de valor extrínseco y creado por la ley.

Conforme al art. 1170-1.º del Código civil, *el pago de las deudas de dinero deberá hacerse en la especie pactada, y, no siendo posible entregar la especie, en la moneda de plata u oro que tenga curso legal en España.* El precepto está formulado en una época de patrón oro y plata, vigente incluso en el tráfico interno, en el cual los billetes eran simples certificados de metal precioso.

Dentro de las obligaciones pecuniarias hay dos aspectos directamente relacionados con ellas como son las denominadas cláusulas de estabilización y el pago de intereses.

A) Las cláusulas de estabilización

Un fenómeno generalizado y a veces muy agudo de nuestro tiempo es el de la inflación monetaria: la pérdida de valor de la moneda en relación con los restantes bienes (pérdida de valor adquisitivo).

Desde un punto de vista de justicia estricta, al ser el dinero medida del valor de todas las cosas, al contraer una deuda de dinero sería preciso pagar más, en proporción a su pérdida de valor. Pero esto, que se practica en algunos países de inflación galopante, resulta muy complejo, por lo cual en nuestro Derecho no se ha modificado el denominado *criterio nominalista*, que consiste en que fijado el importe de una deuda, este importe deberá ser satisfecho con el número de unidades monetarias originariamente establecido, aunque el poder adquisitivo de éstas varíe. Así, quien restituye una cantidad que tomó a préstamo, no ha de entregar un valor real idéntico al que recibió, sino igual cifra de euros.

Puesto que la ley no hace nada directamente (salvo muy raras excepciones) para paliar el deterioro del valor de los créditos por causa de la inflación, han de ser los propios contratantes los que acudan, en sus pactos, a remediar el deterioro de la moneda, sobre todo si se trata de créditos a largo plazo.

El procedimiento más elemental consiste en estabilizar el valor de la prestación directamente, sea pactando ésta en una moneda extranjera que se estima más estable que la propia (en cuyo caso las oscilaciones de valor serán las de esa moneda extranjera); sea pactando el pago en una cantidad de mercancía (generalmente, metal precioso, cereales, u otros bienes fungibles): *la deuda, entonces, ya no es pecuniaria, o no lo es de modo pleno*. Pero para que este tipo de estabilización valga, es preciso que el objeto de la prestación sea de lícito comercio, lo cual no sucede de ordinario ni con la moneda extranjera ni con los metales preciosos.

Mayores posibilidades ofrecen las cláusulas contractuales que, sin perjuicio de que el pago se efectúe siempre en moneda nacional, *calculan la cantidad a pagar por referencia al valor que tenga en euros, el día del pago, el oro u otro metal o mercancía, o una moneda extranjera:* se trata entonces de una "cláusula valor" que propone a la especie como un simple parámetro para calcular la cantidad efectiva debida en el momento de vencer el crédito, con lo cual éste sigue siendo absolutamente pecuniario. Así, la obligación de pagar en euros el valor de una cantidad de oro o moneda extranjera, (no comunitaria) según la cotización de determinada fecha, pues el hecho de que tales mercancías tengan limitado su tráfico no impide que puedan servir como término de comparación.

Las **cláusulas estabilizadoras más frecuentes** hoy en la contratación privada son las que utilizan los índices de precios publicados oficialmente, y en particular el índice general ponderado del coste de la vida fijado por el Instituto Nacional de Estadística.

B) El pago de intereses

***Interés es la retribución por la retención de una cantidad de dinero ajeno;* retribución que consiste en una porción de esa cantidad por unidad de tiempo.**

Si no se ha pactado, la deuda pecuniaria no produce, en la generalidad de los supuestos, obligación de pagar intereses.

Las sucesivas Leyes de Presupuestos vienen fijando cada año un tipo de interés ajustado a las circunstancias económicas del momento.

Tema XIII
CUMPLIMIENTO, INCUMPLIMIENTO, EXTINCIÓN Y TRANSMISIÓN DE LAS OBLIGACIONES. ASEGURAMIENTO Y EFECTIVIDAD DEL CRÉDITO. LAS GARANTÍAS REALES

I. CUMPLIMIENTO DE LA OBLIGACIÓN

1. Concepto

Cuando se habla de cumplimiento de la obligación se quiere indicar que la obligación se ha extinguido y además que el deudor ha cumplido íntegramente aquello en lo que consistía la prestación (dar, hacer, ejecutar...).

En el Código civil se utilizan indistintamente las expresiones "cumplimiento" y "pago", que vienen a significar lo mismo, es decir, la observancia de la conducta debida. Así, según el art. 1156 del Código civil *las obligaciones se extinguen... por el pago o cumplimiento.*

2. Quién debe cumplir y ante quién se debe cumplir

La obligación, en principio, **debe ser cumplida por el deudor, pero puede cumplirla** (no está obligado) **otra persona** —a la que se denomina tercero— que no es representante del deudor ni obra por cuenta suya; esta figura se denomina **pago por tercero.** En el caso de que quien cumpla la obligación sea el representante del deudor es como si hubiese pagado el propio deudor. Así, el art. 1158-1.º del Código civil, establece que *puede hacer el* *pago cualquier persona, tenga o no interés en el cumplimiento de la obligación, ya lo conozca y lo apruebe, o ya lo ignore el deudor.* Ese tercero no podrá cumplir en lugar del deudor cuando el cumplimiento de la obligación tenga carácter personalísimo; por ejemplo, he contratado con determinado pintor que me haga un retrato: quiero que lo haga ese y no otro.

A partir del momento en que se cumpla íntegramente la obligación —ya lo haga el deudor o un tercero— el acreedor tiene ya satisfecho su derecho de crédito.

Si quien ha cumplido la obligación es un tercero podrá reclamar del deudor que le entregue todo aquello que pagó en su nombre. Así el art. 1158 del Código civil establece que *el que pagare por cuenta de otro podrá reclamar del deudor lo que hubiese pagado, a no haberlo hecho contra su expresa voluntad.* Tal voluntad contraria habrá de ser manifestada con antelación por el deudor.

De otra parte, la obligación ha de ser cumplida no en favor de cualquiera, sino precisamente en favor de quien esté constituida, es decir, del acreedor. Según el art. 1162 del Código civil, *el pago deberá hacerse a la persona en cuyo favor estuviese constituida la obligación, o a otra autorizada para recibirlo en su nombre.* Únicamente el pago hecho a estos sujetos —acreedor o tercero autorizado— sirve para extinguir la obligación.

En relación con lo anterior, el art. 1164 del Código civil establece que *el pago hecho de buena fe al que estuviere en posesión del crédito, liberará al deudor.* “Estar en posesión del crédito” significa, que alguien *aparenta* ser acreedor sin serlo, de modo que el deudor queda engañado, sin culpa suya, por tal apariencia. Si el deudor ha cumplido, de buena fe, ante el acreedor aparente queda liberado de la obligación. Por ejemplo: Pedro es acreedor de Luis. Fallecido Pedro, Juan demuestra que es su heredero y Luis se liberará pagando a Juan aunque luego aparezca un testamento en el que el auténtico heredero es Felipe y Juan nunca lo fue.

3. Requisitos del cumplimiento

El pago o cumplimiento, para que libere al deudor, ha de reunir ciertas condiciones objetivas, que se resumen en los requisitos de identidad, integridad e indivisibilidad de la prestación.

a) *Identidad.* Según el art. 1166 del Código civil *el deudor de una cosa no puede obligar a su acreedor a que reciba otra diferente, aun cuando fuere de igual o mayor valor que la debida. Tampoco en las obligaciones de hacer podrá ser sustituido un hecho por otro contra la voluntad del acreedor.* Es decir, sin consentimiento del acreedor no cabe cumplir la obligación con una prestación distinta de la pactada, aunque sea mucho más valiosa, o aparentemente más útil al propio acreedor.

En particular, para las obligaciones pecuniarias dispone el artículo 1170-2.º y 3.º del Código civil que *la entrega de pagarés a la orden, o letras de cambio u otros documentos mercantiles, sólo producirá los efectos del pago cuando hubiesen sido realizados, o cuando por culpa del acreedor se hubiesen perjudicado. Entretanto la acción derivada de la obligación primitiva quedará en suspenso.*

b) *Integridad.* Salvo pacto entre acreedor y deudor, la cosa y el precio en las obligaciones de dar, y los actos debidos en las de hacer, han de entregarse o cumplirse enteramente, sin fraccionamiento.

A ello se refiere el art. 1157 del Código civil, cuando establece que *no se entenderá pagada una deuda sino cuando completamente se hubiese entregado la cosa, o hecho la prestación en que la obligación consistía.*

c) *Indivisibilidad.* Puede considerarse un requisito directamente relacionado con el anterior e implica que el acreedor no puede ser obligado a recibir sólo parte de la prestación y considerar así cumplida la obligación. En este sentido establece el art. 1169 del Código civil, que *a menos que el contrato expresamente lo autorice, no podrá compelerse al acreedor a recibir parcialmente las prestaciones en que consista la obligación.*

4. Lugar, tiempo y prueba del cumplimiento

A) **Lugar.** Según el art. 1171-1.º del Código civil, *el pago deberá ejecutarse en el lugar que hubiese designado la obligación.* Serán las partes las que designen el lugar, y a falta de este acuerdo puede resultar de los usos del tráfico jurídico, o bien de la propia naturaleza de la prestación: instalar la fontanería de mi casa.

A falta de lo anterior continúa el art. 1171 del Código que *no habiéndose expresado* (el lugar) *y tratándose de entregar una cosa determinada, deberá hacerse el pago donde ésta existía en el momento de constituirse la obligación. En cualquier otro caso el lugar del pago será el domicilio del deudor.*

B) **Tiempo.** Por lo que se refiere al *tiempo* del pago, como regla general, si no se ha pactado nada respecto al momento del cumplimiento, ni resulta de la naturaleza de la prestación, la obligación será exigible desde el mismo momento de su constitución (art. 1113-1.º del Código civil).

C) **Prueba.** Conforme a las reglas generales la prueba del pago incumbe al deudor. El pago de cantidad suele demostrarse mediante recibo firmado o sellado por el acreedor, cuando la cantidad tiene cierta importancia.

Si el uso o la buena fe imponen la expedición de recibo, el deudor puede negar el cumplimiento si el acreedor no se lo entrega.

Según el art. 1110 del Código civil, *el recibo del capital por el acreedor, sin reserva alguna respecto a los intereses, extingue la obligación del deudor en cuanto a éstos. El recibo del plazo de un débito, cuando el acreedor tampoco hiciere reservas, extinguirá la obligación en cuanto a plazos anteriores.*

5. Otras posibilidades de cumplimiento

Además del pago estrictamente considerado, existen otras posibilidades de cumplir la obligación y, por lo tanto, de liberación del deudor. A las dos fundamentales se hace referencia a continuación:

A) **Dación en pago.** Se llama así a toda prestación realizada por el deudor, por acuerdo con el acreedor, en lugar de la originariamente estipulada y con idéntico valor satisfactorio. Por ejemplo: debiendo Luis a Pedro diez mil euros, en lugar de esta cantidad Pedro acepta que le sea entregada una motocicleta de idéntico valor.

Esta modalidad de cumplimiento es eficaz por el mero acuerdo entre las partes (art. 1255 del Código civil), vinculante para ambos sujetos, y liberatoria de la obligación.

B) **Pago por cesión de bienes.** Cuando un deudor no tiene líquido bastante para pagar a sus acreedores, puede convenir con éstos, a fin de evitar la reclamación aislada por parte de cada uno de ellos o la declaración de concurso o quiebra, que se queden con todos los bienes que tiene actualmente, al menos hasta que pueda completar el pago.

A ello se refiere el art. 1175 del Código civil, con arreglo al cual *el deudor puede ceder sus bienes a los acreedores en pago de sus deudas. Esta cesión, salvo pacto en contrario, sólo libera a aquél de responsabilidad por el importe líquido de los bienes cedidos.* Cuando se ceden los bienes, lo corriente es que los acreedores tomen posesión de ellos y los administren, pero sólo con vistas a su venta: una vez vendidos cobran sus créditos sobre el resultado de la liquidación.

II. INCUMPLIMIENTO DE LA OBLIGACIÓN

1. Concepto

Cuando alguien causa un daño que debió y pudo evitar, está obligado a repararlo. Si este daño lo causa por no pagar una deuda, su deber de reparar deriva del art. 1101 del Código civil, con arreglo al cual *quedan sujetos a la indemnización de los daños y perjuicios causados los que en el cumplimiento de sus obligaciones incurrieren en dolo, negligencia o morosidad, y los que de cualquier modo contravinieren el tenor de aquéllas.*

Estamos en presencia de un daño que proviene del *incumplimiento de una obligación contraída anteriormente.* Por ejemplo: el fabricante no entrega las cien piezas de tela que vendió; el torero llega tarde a la plaza, cuando ya se ha ido el público; el Banco no presenta al cobro una letra de cambio descontada a un cliente, o no efectúa una transferencia de dinero en la fecha ordenada existiendo saldo suficiente, etc...

De acuerdo con el art. 1101 del Código civil, mencionado antes, **el deudor puede incumplir su obligación de varias maneras.** Así:

A) Negándose definitivamente a pagarla o, haciendo imposible su cumplimiento: estrellando contra el suelo el jarrón de cristal que debía entregar.

B) Cumpliendo mal, defectuosamente: poniendo tubería de plomo donde se había obligado a ponerla de cobre.

C) Cumpliendo tarde (es la denominada mora en el cumplimiento de la obligación): el turrón que debía ser entregado el quince de diciembre, se entrega el día veinticinco.

Cada uno de estos tres tipos de incumplimiento puede ser:

a. Plenamente intencionado (se denomina **dolo** o incumplimiento doloso). Se incumple porque se quiere incumplir. Implica el grado más alto de responsabilidad porque corresponde al incumplimiento intencionado y antijurídico: al dolo. Pero no es preciso que el deudor doloso sea consciente de la gravedad del daño que causa, y menos que actúe con ánimo de causarlo, basta con que trate deliberadamente de incumplir la obligación.

b. Debido a la negligencia, descuido o pereza del deudor. Por ejemplo: el jarrón de cristal se le escurrió de las manos por bajar corriendo unas escaleras. A este supuesto responde la denominada **culpa.** *La culpa*, en sentido estricto, *o negligencia del deudor, consiste en la omisión de aquella diligencia que exija la naturaleza de la obligación y corresponda a las circunstancias de las personas, del tiempo y del lugar* (art. 1104-1.º del Código civil). No hay, pues, intención de incumplir, sino descuido, imprevisión, dejadez.

La diligencia que cabe exigir a cualquier persona es la de un sujeto normalmente cuidadoso en el ámbito de su actividad. En particular, la diligencia exigible al profesional es la específica correspondiente al nivel técnico medio de la profesión, pero sobre todo a un elevado nivel de precauciones y dedicación.

De acuerdo con el art. 1103 del Código civil la responsabilidad por culpa *podrá moderarse por los tribunales, según los casos*, es decir, podrán éstos restringir el importe de la indemnización a la vista de las circunstancias.

c. Sin dolo o culpa por parte del deudor, sino por "**caso fortuito**" o "**fuerza mayor**"**.** Por ejemplo, roban un millón de euros de la caja fuerte donde estaba bien guardado.

Se trata de situaciones imprevisibles o inevitables. En este sentido el art. 1105 del Código civil establece que *fuera de los casos expresamente mencionados en la ley, y de los en que así lo declare la obligación, nadie responderá de aquellos sucesos que no hubieran podido preverse, o que, previstos, fueran inevitables.*

La imprevisibilidad o inevitabilidad, no se consideran cualidades intrínsecas y objetivas del evento, sino relativas a determinada situación y a una concreta obligación de prevenir y evitar, y dependen del grado de diligencia exigible al deudor y de la naturaleza de la obligación. El que el sujeto haya observado o no la diligencia debida, determinará su responsabilidad o la ausencia de ésta.

2. Modos de incumplimiento

Los diferentes modos de incumplimiento de la obligación, y a los que antes se ha hecho referencia son:

A) Inejecución de la prestación

Es el modo más radical de incumplir una deuda: es negarse a observar la conducta debida. Se trata de un **incumplimiento definitivo,** porque ha quedado clara la definitiva voluntad del deudor de no cumplir, incurriendo en responsabilidad.

Pero también puede haber inejecución de la prestación porque ya no es posible cumplir (por ejemplo, si se ha destruido el objeto). A este supuesto de imposibilidad de cumplir le llama el Código civil de «pérdida de la cosa debida», aunque se incluye igualmente en este concepto la imposibilidad de las obligaciones de hacer (art. 1184 C.c.).

Sólo hay incumplimiento generador de responsabilidad cuando media dolo o culpa. Cuando el deudor no pueda cumplir por destrucción del objeto y demuestre que observó toda la diligencia debida para poder cumplir la obligación queda liberado de responsabilidad.

B) Prestación defectuosa

Se trata de un modo de incumplimiento bastante frecuente: el contratista construye la casa, pero con materiales peores de los pactados, o más pequeña; el fontanero pone tuberías pero de plomo en lugar de cobre, etc.

En estos casos hay, evidentemente, incumplimiento por parte del deudor, y la consiguiente responsabilidad, mediando dolo o culpa.

El acreedor tiene derecho a rechazar el cumplimiento defectuoso; pero puede suceder que, de hecho, tal cumplimiento se realice sin él saberlo, o desconociendo sus defectos, o bien que el acreedor lo acepte forzado por las circunstancias. En cualquiera de estos casos tiene dicho acreedor derecho a que la prestación se rehaga o arregle, si es económicamente posible, y, alternativamente, derecho a indemnización por la diferencia de valor de la prestación, además de los perjuicios causados.

C) La mora

Una manera de incumplir la obligación es cumplirla tarde. Implica el retraso en el pago, pero cuando éste continúa siendo posible y útil al acreedor, que no se realiza a su debido tiempo, y esta demora ocasiona perjuicios a dicho acreedor.

A este retraso se le llama técnicamente *mora,* pero no a todo retraso, sino al que, por sus caracteres, obliga a indemnizar los daños causados por él.

Además, ha de tratarse de un simple retraso, porque cuando el momento del cumplimiento sea esencial a la obligación, de modo que la prestación carezca de cualquier utilidad apreciable en época distinta de la pactada (el traje de novia se entrega tres días después de la boda), no puede haber mora, porque ésta presupone que el interés del acreedor, aunque tardíamente, puede todavía realizarse.

Según el art. 1100-1.º del Código civil, *incurren en mora los obligados a entregar o hacer alguna cosa desde que el acreedor les exija judicial o extrajudicialmente el cumplimiento de su obligación;* pero para que haya mora ha de concurrir también, aunque no lo diga el Código, la culpa del deudor, al menos presunta: así, no se producen las consecuencias de la mora desfavorables para el deudor cuando el retraso en cumplir proviene de caso fortuito.

Esa reclamación del acreedor al deudor (que técnicamente se denomina *interpelación*) es esencial para que haya mora. A falta de interpelación, por regla general no hay mora; es como si el acreedor no tuviera interés en la ejecución inmediata y concediera un plazo suplementario.

La *interpelación* no surte efecto hasta que no llega a conocimiento del deudor. No está sujeta a forma, y como tal sirven las reclamaciones judiciales o en acto de conciliación o notariales que provengan del acreedor y manifiestan la intención de cobrar.

Sin embargo, y de acuerdo con el art. 1100 del Código civil, no será necesaria esa *interpelación* por parte del acreedor para que exista mora en dos supuestos:

1º *Cuando la obligación o la ley lo declaren así expresamente.*

2º *Cuando de su naturaleza y circunstancias resulte que la designación de la época en que había de entregarse la cosa o hacerse el servicio, fue motivo determinante para establecer la obligación.*

Aunque se haya hecho referencia a la mora del deudor —que es la más común— puede existir también la denominada **mora del acreedor.**

El acreedor no está *obligado* a recibir el pago, pero si, siendo precisa su colaboración para recibir el pago (Pedro ha de abrir sus naves para que el deudor deposite la mercancía adeudada) no colabora, ello no puede impedir al deudor quedar libre de su deuda.

Una vez demostrada la voluntad de pagar del deudor y la imposibilidad en que se halla de hacerlo por culpa del acreedor, los riesgos de pérdida de la cosa debida se desplazan al acreedor (una vez ofrecida la mercancía —en el ejemplo anterior— si sufre deterioros, serán de cuenta de Pedro); y, por supuesto, son de cargo del acreedor moroso los mayores gastos para la liberación del deudor.

En las obligaciones de dar, una vez hecho el ofrecimiento de pago efectivo y completo de su deuda, el deudor, puede liberarse mediante la denominada consignación (art. 1176-1.º del Código civil).

La consignación es una forma de pago, y por tanto se sujeta a las reglas de éste; *deberá ser previamente anunciada a las personas interesadas en el cumplimiento de la obligación* (art. 1177 del Código civil); *se hará depositando las cosas debidas a disposición de la Autoridad judicial, ante quien se acreditará el ofrecimiento en su caso, y el anuncio de la consignación en los demás* (art. 1178 del Código civil); *y una vez hecha debidamente... podrá el deudor pedir al Juez que mande cancelar la obligación* (art. 1180 del Código civil).

III. ASEGURAMIENTO DEL CRÉDITO

1. Conservación del patrimonio del deudor

Quien debe, no puede descuidar, ocultar o malbaratar culpablemente, hasta el punto de arruinarse, sus propios bienes, por cuanto éstos están sirviendo de garantía a sus acreedores, y al desaparecer de su patrimonio dejan a dichos acreedores sin tener de dónde cobrar.

El Código civil para evitar la actitud negligente o fraudulenta del deudor frente a su patrimonio, y en beneficio de la integridad de éste, previene dos remedios que se traducen en el ejercicio de dos acciones:

a) *Acción subrogatoria.* Establece el art. 1111 del Código civil que *los acreedores, después de haber perseguido los bienes de que esté en posesión el deudor para realizar cuanto se les debe, pueden ejercitar todos los derechos y acciones de éste con el mismo fin, exceptuando los que sean inherentes a su persona.*

O sea: un deudor, por su dejadez y negligencia, se halla en trance de perder bienes valiosos que le pertenecen: es dueño de una gran finca, pero la tiene otro en su poder desde hace muchos años y él no quiere reivindicarla, o bien es acreedor de una elevada suma, y no la reclama, pese a que no tiene con qué pagar sus deudas. Es lógico que, entonces, no se le tolere al obligado frente a terceros una actitud de «perro del hortelano» que a él no le aprovecha y disminuye los bienes de los que podrían cobrar sus acreedores; facultando el art. 1111 C.c. a éstos, según hemos visto, para reclamar la restitución del objeto o el cumplimiento de la obligación, acreciendo así un conjunto de bienes que a continuación pretenden embargar, a fin de cobrar sus créditos.

Pero, al requerir el Código civil que el acreedor, antes de ejercitar los derechos de su deudor, haya perseguido los bienes que le quedan a éste, casi vacía de sustancia a la acción subrogatoria, pues la previa persecución habrá expropiado los derechos y acciones del deudor. O sea: el acreedor no se hallará en el caso de reclamar, subrogándose en lugar de su deudor, un crédito de éste contra un tercero, porque antes habrá embargado dicho crédito, haciéndose pago con su resultado pecuniario; y lo mismo la acción para reclamar la propiedad de una finca, etc.

b) *Acción revocatoria o pauliana.* Dice el art. 1111 del Código civil que *los acreedores, después de haber perseguido los bienes de que esté en posesión el deudor para realizar cuanto se les debe... pueden impugnar los actos que el deudor haya realizado en fraude de su derecho.* Y, correlativamente, según el apartado 3.º del art. 1291, son rescindibles los (contratos) *celebrados en fraude de acreedores, cuando éstos no puedan de otro modo cobrar lo que se les debe.* La acción impugnatoria o rescisoria se denomina *pauliana.*

Por ejemplo: un deudor realiza donaciones tales que queda en la imposibilidad de hacer frente a sus compromisos: cada acreedor podrá impugnar esas liberalidades a fin de cobrar, sobre los objetos donados, cuanto se le debía.

Esta revocación en beneficio de los acreedores tiene más amplia actuación en materia de concurso y sobre todo, de quiebra, donde no sólo se anulan, en beneficio del conjunto de los titulares de créditos, los actos celebrados en el período durante el cual era ya insolvente el deudor (retroacción de la quiebra), sino también algunos de los celebrados en la época inmediatamente anterior, o período sospechoso.

Para que la acción pauliana sea viable, se requiere, además de la previa persecución de los haberes del deudor, que el acto o contrato impugnado mediante ella reúna las siguientes dos condiciones:

1. Ser económicamente ruinoso en su planteamiento, y por tanto objetivamente dañoso para el acreedor, al determinar o agravar la insolvencia del deudor.
2. Además, en los contratos onerosos, el deudor ha de ser consciente del perjuicio que causa al acreedor, y lo mismo el tercero que con él contrata; no se precisa, en cambio, propósito de perjudicar, bastando la consciencia de disminuir o empeorar, con el contrato en cuestión, la garantía patrimonial propia.

La acción pauliana rescinde el contrato celebrado en fraude de acreedores, pero limitado a lo preciso para que cobre el acreedor demandante, sin participación de los otros acreedores; la rescisión, por lo demás, puede evitarse mediante el pago de la deuda y los daños y perjuicios.

Cuando el adquirente de mala fe demandado mediante la pauliana no puede restituir la cosa, por haberla destruido o vendido a un tercero, habrá de indemnizar en dinero: la acción rescisoria se convierte en una de daños.

Es decir, que si Pedro, deudor de una gran cantidad a Juan, vende la finca (único bien que posee) a su yerno por la décima parte de su valor, y en la inteligencia de que éste le mantendrá luego y atenderá a sus necesidades, Juan podrá reclamar la rescisión de la venta en lo preciso para hacer su cobro. Pero si a su vez el yerno ha vendido la finca a un tercero de buena fe y por tanto por precio corriente, este tercero ha adquirido válidamente y se halla a salvo de la pauliana. Desde luego persiste la acción del acreedor contra el yerno, en reclamación de la indemnización (art. 1295-3.º del Código civil), si bien sin omitir a su causante (Pedro), dada la necesidad de demostrar la insolvencia y el fraude.

El que hubiese adquirido de mala fe las cosas enajenadas en fraude de acreedores, deberá indemnizar a éstos de los daños y perjuicios que la enajenación les hubiese ocasionado, siempre que por cualquier causa le fuere imposible devolverlas (art. 1298 C.c.).

2. La cláusula penal

Es frecuente en los contratos prevenir el incumplimiento pactando unas sanciones, ordinariamente severas, destinadas a disuadir al posible incumplidor y a sustituir la evaluación de daños y perjuicios hecha después del incumplimiento por una cantidad alzada convenida en el momento de contratar. La estipulación que impone tales sanciones y establece esas cantidades se llama *cláusula penal o pena convencional.*

En la práctica, es corriente establecerla como compensación por la mora o retardo en cumplir, aunque el cumplimiento ocurra luego (por ejemplo: Gabriel abonará mil euros por cada día que tarde, a partir de uno señalado, en entregar la máquina o el edificio totalmente acabados): alguna vez, asimismo, como sanción adicional a la indemnización por daños y perjuicios, a fin de coaccionar más fuertemente al cumplimiento, como si se pacta que los daños se pagarán doblados.

El Código civil contempla a la cláusula penal en su aspecto de fijación anticipada de los daños y perjuicios. *En las obligaciones con cláusula penal* —dice el art. 1152-1.º— *la pena sustituirá a la indemnización de daños y al abono de intereses en caso de falta de cumplimiento, si otra cosa no se hubiere pactado.* Es decir, que el importe fijo de la pena comprende, en principio, el valor de la prestación y el equivalente de los daños y perjuicios adicionales. Por eso no puede *el acreedor exigir conjuntamente el cumplimiento de la obligación y la satisfacción de la pena, sin que esta facultad le haya sido claramente otorgada* (art. 1153-2.º).

En principio el deudor no puede optar por el pago de la pena convencional liberándose con él del cumplimiento efectivo de la obligación: *no podrá* —dice el art. 1153-1.º— *eximirse de cumplir la obligación pagando la pena, sino en el caso de que expresamente le hubiese sido reservado ese derecho* (y entonces hay una obligación facultativa). En cualquier otro el acreedor puede instar el cumplimiento forzoso.

3. El derecho de retención

Esporádicamente, en casos y por motivos muy localizados (realización de gastos sobre una cosa, que dan lugar a un crédito frente a su propietario), concede el Código civil al acreedor que tiene en su poder un bien corporal ajeno, mueble o inmueble, derecho a retenerlo mientras la deuda no sea pagada.

En casos como éste, el derecho de retención se traduce en una suerte de coacción sobre el obligado, que sólo cuando cumpla, y no antes, podrá recuperar la tenencia de lo suyo. Pero el acreedor no tiene un específico derecho a instar la venta de la cosa retenida como si estuviera hipotecada o dada en prenda.

IV. ASEGURAMIENTO DEL CRÉDITO POR TERCERO: LA FIANZA

1. Concepto. Accesoriedad

Por la fianza —dice el art. 1822 del Código civil— *se obliga uno a pagar o cumplir por un tercero, en el caso de no hacerlo éste.* Es decir, que junto a una obligación que vincula autónomamente a un acreedor y un deudor, nace otra obligación de igual contenido en favor del mismo acreedor: en principio, una nueva deuda subsidiaria de la primera y para el caso de su impago. De este modo se proporciona al acreedor mayor probabilidad de ver satisfecho su interés, ya que su poder de agresión se extiende a un patrimonio distinto del originariamente responsable.

No es la fianza el único modo de garantizar una persona las deudas de otra: para ello sirve igualmente la solidaridad de deudores. Como ya vimos en su momento, cuando varios se obligan solidariamente, el total de la deuda se puede reclamar a todos y cualesquiera de ellos: habiendo una sola deuda, el acreedor tiene varios patrimonios de los cuales cobrar, a su elección. La diferencia con la fianza estriba en que en ésta hay un deudor principal de la deuda, y luego otro u otros *accesorios o dependientes:* predispuestos para suplir la *falta* del principal, pero a quienes, en la fianza ordinaria, no se puede reclamar antes del impago por el originario deudor.

En la práctica, la fianza se pacta en la mayoría de los casos con el carácter de solidaria, para vincular con mayor intensidad al fiador proporcionando al acreedor más expedita satisfacción de su derecho. Por ejemplo, así aparece en los formularios impresos de pólizas de crédito o de compraventa y financiación de bienes muebles a plazos, y en general se pactan de este modo las operaciones con entidades de crédito. Para estos casos el art. 1822-2.º del Código civil remite a la regulación de las obligaciones solidarias, pero a pesar de ello la obligación del fiador no deja de ser de mera garantía, es decir, verdadera fianza.

La fianza es una obligación accesoria a una deuda principal. Esta accesoriedad de la fianza supone que a la relación entre fiador y acreedor afectan todas las vicisitudes de la deuda principal, pero no al contrario. Supone igualmente que *la fianza no puede existir sin una obligación válida* (art. 1824-1.º del Código civil). Si la obligación principal es nula de pleno derecho, lo será también la fianza, salvo cuando la nulidad sólo *puede ser reclamada a virtud de una excepción puramente personal del obligado, como la de la menor edad.* Y también es consecuencia de la accesoriedad que el contenido de la deuda del fiador sea, como máximo, el de la principal, sin que pueda dicho fiador obligarse a más, aunque sí a menos. No habiéndose pactado otra cosa el contenido de la fianza es el máximo, esto es, *comprenderá, no sólo la obligación principal, sino todos sus accesorios, incluso los gastos del juicio, entendiéndose, respecto de éstos, que no responderá sino de los que se hayan devengado después que haya sido requerido el fiador para el pago* (art. 1827-2.º).

Los efectos del dolo, la culpa o la mora del deudor en el cumplimiento de su obligación se propagan al fiador, el cual deberá en tales casos tanto el valor de la cosa o servicio perdidos (si la prestación se hizo imposible) como los daños y perjuicios, pues ello se entiende incluido entre los accesorios de la obligación principal a que se extiende la fianza (art. 1827-2.º). El fiador responde también por su propio dolo o culpa.

2. Las relaciones entre acreedor y fiador

El fiador está obligado a pagar al acreedor si el deudor principal no cumple.

Cuando el acreedor demanda primero al fiador, éste puede exigir que la excusión de los bienes del deudor preceda a su propio cumplimiento forzoso; dicho de otro modo, puede negarse a pagar, sin temor a ser embargado, cuando el acreedor trata de cobrar directamente de él, y no, primero, de los bienes del deudor. A esto se llama abreviadamente *beneficio de excusión*, es decir, beneficio de previa excusión de los bienes del deudor.

El beneficio requiere la manifestación del fiador de querer valerse de él ejercitando oportunamente una facultad de la que también podría no hacer uso. *Para que el fiador pueda aprovecharse del beneficio de la excusión* —señala el art. 1832, revelándonos la naturaleza exacta de este instituto— *debe oponerlo al acreedor luego que éste le requiera para el pago, y señalarle bienes del deudor realizables dentro del territorio español, que sean suficientes para cubrir el importe de la deuda.*

El fiador demandado por el acreedor está facultado para discutir frente a dicho acreedor la existencia, legitimidad y validez de la obligación principal, su extensión y modalidades, así como su subsistencia o su posterior extinción.

3. Las relaciones entre fiador y deudor

Según el art. 1839-1.º, el fiador que paga por el deudor *se subroga por el pago en todos los derechos que el acreedor tenía contra dicho deu-*

dor. O sea que el deudor pasa a serlo suyo. Pero si ha transigido con el acreedor, no puede pedir al deudor más de lo que realmente haya pagado.

El contenido del derecho que el fiador que paga tiene contra el deudor es el siguiente (art. 1838 del Código civil):

1. *La cantidad total de la deuda.*
2. *Los intereses legales de ella desde que se haya hecho saber el pago al deudor, aunque no los produjese para el acreedor.*
3. *Los gastos ocasionados al fiador después de poner éste en conocimiento del deudor que ha sido requerido para el pago.*
4. *Los daños y perjuicios, cuando procedan.*

El fiador tiene derecho a reembolso en cuanto haya pagado *lo que debía*, en cuantía y circunstancias. Por ello, *si la deuda era a plazo y el fiador la pagó antes de su vencimiento, no podrá exigir reembolso del deudor hasta que el plazo venza* (art. 1841 C.c.). Al mismo criterio parece responder el art. 1840, según el cual si el fiador paga sin ponerlo en conocimiento del deudor, podrá éste hacer valer contra él todas las excepciones que hubiera podido oponer al acreedor al tiempo de hacerse el pago.

Según el art. 1842, *si el fiador ha pagado sin ponerlo en noticia del deudor, y éste, ignorando el pago, lo repite por su parte, no queda al primero recurso alguno contra el segundo, pero sí contra el acreedor.*

4. Extinción de la fianza

La obligación del fiador se extingue al mismo tiempo que la del deudor, y por las mismas causas que las demás obligaciones (artículo 1847). En particular, si el acreedor perdona la deuda al deudor principal, se extingue necesariamente la fianza (arts. 1190 y 1847), como igualmente la extinguen la confusión entre las personas de deudor y acreedor, o deudor y fiador, o bien la compensación opuesta por el deudor: en general, los hechos extintivos de la deuda.

También se extingue la fianza cuando se produce una alteración en la deuda principal que hace perder a ésta su plena y total identidad frente al fiador. El caso más claro es el de novación de la obligación principal (el fiador no tiene por qué afianzar la deuda novada: véase art. 1207 del Código civil).

Otros casos de extinción de la fianza por alteraciones en la obligación principal, que regula el Código civil, son éstos:

a) *Dación en pago.* Según el art. 1849 C.c. *si el acreedor acepta voluntariamente un inmueble, u otros cualesquiera efectos en pago de la deuda, aunque después los pierda por evicción, queda libre el fiador.*
b) *Prórroga. La prórroga concedida al deudor por el acreedor sin el consentimiento del fiador extingue la fianza* (art. 1851 C.c.). El precepto trata de evitar perjuicios al fiador en la acción de regreso, ya que puede hacerse insolvente el deudor durante la dilación que implica la prórroga.
c) *Perjuicio en la subrogación. Los fiadores, aunque sean solidarios, quedan libres de su obligación siempre que por algún hecho del acreedor no puedan quedar subrogados en los derechos, hipotecas y privilegios del mismo* (art. 1852 del Código civil). De modo que el acreedor, para no perder la garantía fideiusoria, tiene la carga de una diligente gestión del crédito principal.

5. Pluralidad de fiadores

Cuando hay varios fiadores (cofiadores) de una misma deuda, los efectos de la insolvencia del deudor se reparten entre todos ellos. Así resulta del art. 1837-1.º, a cuyo tenor, *siendo varios los fiadores de un mismo deudor y por una misma deuda, la obligación a responder de ella se divide entre todos. El acreedor no puede reclamar a cada fiador sino la parte que le corresponda satisfacer, a menos que se haya estipulado expresamente la solidaridad.*

Interpretando literalmente este precepto, podría llegarse a pensar que cada fiador es como un deudor mancomunado que está obligado sólo por su parte, y no tiene que suplir la insolvencia de los demás, de modo que, no pagando el deudor principal y tampoco uno de los fiadores, el descubierto correspondiente a éste lo soportaría el acreedor.

Más esta última consecuencia debe eliminarse a la vista de otros preceptos, como el art. 1837-2.º y el 1844. Si bien a ningún cofiador se le puede exigir en principio que pague más de su parte, en cambio, una vez probada la insolvencia de uno de sus compañeros, se le puede obligar a que la supla, junto con los otros.

El cofiador que paga su parte, o la totalidad de la deuda, tiene derecho de reembolso y subrogación contra el deudor principal; pero además, si paga mayor parte de la que le correspondía con arreglo a la división, tiene, por ese exceso, una acción contra los cofiadores que le concede el art. 1844 en ciertos casos.

El precepto antes citado dice así: *Cuando son dos o más los fiadores de un mismo deudor y por una misma deuda, el que de ellos la haya pagado podrá reclamar de los otros la parte que proporcionalmente le corresponda satisfacer. Si alguno de ellos resultare insolvente, la parte de éste recaerá sobre todos en la misma proporción. Para que pueda tener lugar la disposición de este artículo, es preciso que se haya hecho el pago en virtud de demanda judicial, o hallándose el deudor principal en estado de concurso o quiebra.*

V. EFECTIVIDAD DEL CRÉDITO

1. La ejecución individual. Verificación del título ejecutivo

Cualquier obligación, para poderse hacer efectiva con el auxilio del poder público, ha de constar en un *título ejecutivo*, que autorice a recurrir, por orden de los Tribunales y con su auxilio, a las vías de hecho. Así, si Edelmira me debe cien que le presté, según recibo que conservo, y se niega a pagármelos, no basta que yo acuda a la Comisaría de Policía para que ésta me ayude a cobrar: allí me remitirán al Juzgado, declarándose incompetentes a este efecto. Pero en el Juzgado, yo no puedo conseguir que el Juez dé una orden inmediata para que Edelmira me pague: primero es preciso comprobar si la deuda existe realmente, y además que los motivos de Edelmira para no pagarme no son legalmente válidos, todo lo cual ha de aclararse, en principio, en un *juicio declarativo*.

Sin embargo, en ciertos casos se puede prescindir del juicio declarativo porque de la deuda se desprende, sin más, de un documento que ofrece amplia certeza de autenticidad, pudiendo ser ésta comprobada en un procedimiento breve y simple (Cfr. Art. 350 LEC).

2. La ejecución colectiva

Cuando un deudor no tiene con qué pagar a todos sus acreedores —por insuficiencia de su patrimonio— puede cualquiera de éstos, o el mismo deudor, provocar una situación, bajo control judicial, de liquidación colectiva del patrimonio de aquél de modo que no cobren primero los más madrugadores en reclamar, sino que se reparta equitativamente, entre los acreedores de una misma clase —los privilegiados cobrarán primero por entero—, los bienes del deudor.

Históricamente había un procedimiento de ejecución colectiva para comerciantes, propio del Derecho mercantil y se denominaba quiebra; y había otro para no comerciantes, el *concurso de acreedores*.

La Ley Concursal 22/2003, de 9 de julio, regula los aspectos materiales y procesales del *concurso*, institución única que comprende el procedimiento de ejecución colectiva de comerciantes y no comerciantes, y procede respecto de cualquier deudor, persona natural o jurídica.

El concurso es la situación del deudor que se halla en estado de insolvencia, y a él concurren los acreedores sobre el patrimonio del deudor común.. El art. 2.2 de la Ley establece: *Se encuentra en estado de insolvencia el deudor que no puede cumplir regularmente sus obligaciones exigibles*. La solicitud de concurso puede llevarse a cabo por el deudor o por cualquiera de sus acreedores.

El deudor tiene que solicitar la declaración de concurso en los dos meses siguientes a tener conocimiento de su estado de insolvencia, presentando una prolija documentación de tal situación (art 6 de la Ley).

El procedimiento de concurso se estructura en torno al Juez y la administración judicial. Esta administración judicial tiene estructura colegiada y está compuesta por un jurista, un economista y un acreedor nombrados por el Juez (Cfr. Arts. 26 y ss. de la Ley).

La declaración de concurso produce una serie de efectos:

a) Respecto de la persona del deudor. Los efectos de carácter patrimonial tiene una finalidad de conservación, en el sentido de continuación de la actividad que viniese ejerciendo el deudor, en régimen de intervención o de sustitución por la administración judicial.

b) Respecto de los acreedores. Se paralizan las ejecuciones singulares, incluidas las de las garantías reales. Sobre los créditos no se produce su vencimiento anticipado por la declaración de concurso.

El concurso trata de posibilitar soluciones que se resumen en dos:

a) El convenio. La Ley facilita el acuerdo entre los acreedores y el deudor a fin de evitar la liquidación del patrimonio de este último. Esta propuesta de convenio puede consistir en proposiciones de quita y espera (Cfr. Arts. 99 y ss. de la Ley).

b) La liquidación. Es una fase a la que se llega cuando no hay acuerdo para el convenio, o se ha incumplido éste. La puede pedir el deudor o acordarla de oficio el Juez

VI. GARANTÍAS REALES DEL CRÉDITO

El hecho de que el deudor responda del cumplimiento de sus obligaciones con todos sus bienes presentes y futuros (art. 1911 Código civil), no asegura al acreedor de forma plena la satisfacción de sus pretensiones. De una parte, puede el acreedor concurrir con otros muchos acreedores; de otra, nada impide al deudor gastar sus bienes, o enajenarlos de modo que no sea fácil impugnar la enajenación (ponerlos fraudulentamente a nombre de otra persona), o esconderlos, o puede ocurrir que malos negocios arruinen al deudor, de modo que quien contrató siendo solvente no lo sea a la hora de pagar.

Para prevenir estos sucesos configura el ordenamiento los *derechos reales de garantía*, que permiten prescindir de la solvencia actual del obligado, al afectar al pago de la deuda, si el deudor no cumple, el valor de una cosa, que en tal caso se venderá para pagar al acreedor con el precio obtenido, generando con ello una preferencia y un derecho a cobrarse de la cosa con independencia de las manos en que se encuentre. Estos derechos presentan una serie de características que son:

a. *Carácter real*. Los derechos de garantía, de los cuales los principales son la *prenda y la hipoteca*, son derechos *reales*. Así lo proclama el art. 1876 del Código civil para la hipoteca, al decir que ésta *sujeta directa e inmediatamente los bienes sobre que se impone, cualquiera que sea el poseedor, al cumplimiento de la obligación para cuya seguridad fue constituida*. O sea, que la garantía sigue al bien hipotecado o empeñado a través de los diversos dueños que pueda tener.

La prenda o la hipoteca pueden constituirse, indistintamente, por el deudor o por otra persona dueña de la cosa sometida al gravamen. Así lo autoriza expresamente el art. 1857 del Código civil, al decir que *las terceras personas extrañas a la obligación principal pueden asegurar ésta pignorando o hipotecando sus propios bienes*. Tenemos, entonces, dos personas relacionadas con el acreedor: el deudor, mediante un vínculo personal que sujeta a responsabilidad todos sus bienes; y el dueño de la cosa hipotecada o empeñada, que no responde personalmente con su patrimonio ni es deudor, pero que se halla afectado por el derecho del acreedor de hacer que se venda la cosa si la deuda no se paga a su vencimiento.

b. *Accesoriedad*. Los derechos de garantía son accesorios a un crédito: no valen por sí, sino que se constituyen para servir a éste, y de él dependen, si se transmite el crédito pasan con él al nuevo titular (art. 1528 del Código civil), y si el crédito se extingue, la prenda y la hipoteca se extinguen también.

c. *Prohibición del pacto comisorio*. La prenda y la hipoteca dan derecho a pedir que se venda la cosa dada en garantía para aplicar el precio conseguido al pago de la deuda, pero no permiten pactar que el acreedor se quedará directamente con la cosa, sin ponerla en venta, si la deuda no se paga (art. 1859): a este pacto prohibido se le *llama pacto comisorio*.

d. *La responsabilidad real y la personal*. Cuando se constituye prenda o hipoteca en garantía de un crédito, el deudor *sigue debiendo*, personalmente, la deuda: como dice el art. 105 de la Ley hipotecaria (L.h.) «*la hipoteca... no alterará la responsabilidad personal ilimitada del deudor que establece el art. 1911 del Código civil*».

Entonces, cuando el dueño de la cosa empeñada o hipotecada sea una persona y el deudor otra, el acreedor puede elegir entre, a) dirigirse mediante acción personal contra su deudor, que será condenado a pagar y no podrá alegar que se ha constituido garantía real; o bien b) dirigirse contra los bienes, haciendo caso omiso del deudor personal. Normalmente, la acción se dirigirá contra el dueño de los bienes, o el que como tal figure en el Registro.

1. La prenda

El derecho de prenda consiste en someter a responsabilidad por una deuda una cosa *mueble* que se deposita en poder del acreedor o de un tercero.

El contrato de prenda no se forma por el solo acuerdo de voluntades: es un contrato real, que produce sus efectos mediante entrega de la cosa al acreedor o al tercero depositario de ella. *Se necesita que se ponga en posesión de ella* (la cosa empeñada) *al acreedor, o a un tercero de común acuerdo* (art. 1863 del Código civil). Este requisito de la desposesión del deudor es una condición del contrato, necesaria igualmente entre las partes y frente a terceros. La desposesión desempeña entonces un papel de *publicidad.*

Cuando el acreedor pignoraticio tenga en su poder la cosa dada en prenda deberá cuidar de ella con la diligencia de un buen padre de familia (art. 1867); podrá ejercitar las acciones derivadas de su derecho real, para reclamarla o defenderla contra tercero (art. 1869); y no podrá usar de aquélla sin autorización del dueño, y si lo hiciere o abusare de ella en otro concepto, puede el dueño pedir que se la constituya en depósito (art. 1870 del Código civil).

Si la deuda garantizada con prenda no es pagada, el acreedor podrá proceder por ante notario a la enajenación de la prenda. Esta enajenación habrá de hacerse precisamente en subasta pública y con citación del deudor y del dueño de la prenda en su caso (art. 1872).

2. La hipoteca inmobiliaria

A) Caracteres y función económica

Conforme al art. 104 de la Ley hipotecaria *la hipoteca sujeta directa e inmediatamente los bienes sobre que se impone, cualquiera que sea su poseedor, al cumplimiento de la obligación para cuya seguridad fue constituida.*

La hipoteca inmobiliaria es un derecho real de garantía, que somete específicamente una finca a responsabilidad por el cumplimiento de

una deuda, permitiendo, en caso de incumplimiento de ésta, percibir del importe de la venta de la finca, la prestación pecuniaria debida o un equivalente pecuniario de la deuda no consistente en dinero.

La hipoteca es un derecho inmobiliario: es decir, recae necesariamente sobre bienes inmuebles (arts. 1874 del Código civil y 106 de la Ley hipotecaria); pero modernamente se admite también la hipoteca de ciertos bienes muebles.

Lo que caracteriza sin excepción a la hipoteca, frente a la prenda, es que no supone desposesión del titular del inmueble, el cual puede seguir disfrutándolo y obteniendo de él los resultados económicos que acaso servirán para amortizar el crédito garantizado.

Habitualmente, la hipoteca garantiza créditos a plazo medio o largo. En muchas ocasiones estos créditos se contratan en relación con el bien hipotecado: para construir o reconstruir la casa; poner en riego o plantar de árboles la heredad, etc.

B) Disciplina de la hipoteca en la Ley hipotecaria

a) *Constitución.* Conforme al art. 145 de la Ley hipotecaria *para que las hipotecas voluntarias queden válidamente establecidas se requiere: Primero. Que se hayan constituido en escritura pública. Segundo. Que la escritura se haya inscrito en el Registro de la propiedad.* En sentido parecido se manifiesta el art. 1875 del Código civil.

Sólo desde la inscripción nace la hipoteca con efectos reales y como un gravamen de la finca, es decir, con efectos frente a terceros. La hipoteca no inscrita no existe frente a cualquier tercero que alegue derecho sobre la finca.

b) *Extinción.* La hipoteca, al ser derecho accesorio a un crédito, se extingue necesariamente con él: desaparecido el crédito, también el derecho de garantía.

Con independencia de la obligación garantizada se extingue la hipoteca por las diversas causas de extinción de los derechos reales, y, en particular, por la ejecución de una hipoteca preferente, que hace caducar inmediatamente a todas las cargas posteriores, pues el inmueble se vende como libre de todos los gravámenes constituidos después del que se ejecuta.

c) *La obligación garantizada. La hipoteca podrá constituirse en garantía de toda clase de obligaciones* (art. 105 de la Ley hipotecaria).

Las inscripciones de hipoteca expresarán el importe de la obligación asegurada y el de los intereses, si se hubiesen estipulado (art. 12 de la Ley hipotecaria). *El importe de la obligación asegurada con hipoteca o la cantidad máxima de que responda la finca hipotecada, deberá ser fijada en moneda nacional o señalada la equivalencia de las extranjeras en signo monetario de curso legal en España* (art. 219-1.º del Reglamento hipotecario).

d) *La finca gravada.* Ya se ha dicho que los bienes que se pueden gravar con la hipoteca que regula de Ley hipotecaria son, únicamente, los inmuebles. Así el art. 106 de la Ley hipotecaria, a cuyo tenor *podrán ser hipotecados: Primero. Los bienes inmuebles susceptibles de inscripción. Segundo. Los derechos reales enajenables con arreglo a las leyes, impuestos sobre los mismo bienes.*

¿Qué ocurre si sobre la finca hipotecada se construye un edificio, o si al ejecutar la hipoteca se halla la cosecha a punto de ser recogida? Según el art. 109 de la Ley hipotecaria *la hipoteca se extiende a las accesiones naturales, a las mejoras y al importe de las indemnizaciones concedidas o debidas al propietario por razón de los bienes hipotecados.* Pero la Ley hipotecaria distingue a estos efectos, según la finca se encuentre en poder del mismo hipotecante o de un tercero: en este segundo caso es más restrictiva en cuanto a la extensión objetiva del gravamen.

e) *La ejecución hipotecaria.* Hemos visto ya que el acreedor hipotecario puede en todo caso ejercitar la acción personal contra su deudor; e independientemente puede ejercitar la acción real para hacer efectivas las garantías reales, es decir, para que la finca se venda y la deuda se pague con el precio.

Esta acción real se ejercita habitualmente mediante un procedimiento judicial sumario, específico para la hipoteca y más breve y simple que el juicio ejecutivo ordinario.

3. Las garantías reales sin desplazamiento

A) Función económica y principios comunes

Con los bienes muebles, en el sistema del Código civil y la Ley hipotecaria no se podía prestar otra garantía real que la prenda, la cual obligaba al deudor —o a quien constituyera el gravamen— a perder la posesión del objeto dado en garantía, cuando acaso tal objeto le era necesario para ejercer su profesión o actividad lucrativa.

Para superar esta dificultad se promulgó la Ley de 16 diciembre 1954, que regula dos variedades de derechos de garantía sobre **bienes muebles sin desposesión: la hipoteca mobiliaria** sobre bienes de más segura identificación, y la **prenda sin desplazamiento,** afectando a masas de bienes o bienes individuales que pueden quedar en custodia en manos del propio pignorante sin riesgo excesivo de sustracción.

Según la Ley de 1954, en calidad de garantía mobiliaria *sólo es hipotecable o pignorable la plena propiedad* (art. 1.º); y *no lo son los bienes que ya estuvieren hipotecados, pignorados o embargados, o cuyo precio de adquisición no se hallare íntegramente satisfecho, excepto en el caso de que se constituye la hipoteca o la prenda en garantía del precio aplazado* (art. 2.º)

Tales garantías mobiliarias se constituyen en escritura pública, y la prenda, además, en póliza cuando se trate de operaciones bancarias (y casos similares): ambos documentos deberán inscribirse en el Registro de la propiedad (en unos libros especiales), sin lo cual el derecho carece de toda eficacia real.

Según el art. 4.º de la Ley, *el deudor no podrá enajenar los bienes hipotecados o dados en prenda sin el consentimiento del acreedor.*

B) La hipoteca mobiliaria

Se constituye sobre los bienes de más fácil identificabilidad y mayor importancia económica. La ley sólo permite tal hipoteca sobre los bienes siguientes:

a) *Los establecimientos mercantiles.* Su hipoteca comprenderá, *necesariamente,* el derecho de arrendamiento sobre el local si lo tuviere el hipotecante y, en su defecto, los establecidos en el art. 28 de esta ley. Asimismo, comprenderá las instalaciones fijas o permanentes, siempre que pertenezcan al titular del establecimiento (artículo 20). Si las partes no convienen lo contrario, el gravamen comprenderá asimismo los derechos de propiedad industrial y todos los instrumentos de producción y trabajo anejos de modo permanente a la empresa, cuyo precio de adquisición esté pagado (art. 21). Y, por pacto, puede extenderse a las mercaderías y materias primas.

El hipotecante está obligado a continuar el comercio o industria en el establecimiento hipotecado (art. 27); previendo el art. 29 diversas causas de vencimiento anticipado de la obligación, por sucesos fortuitos o imputables al hipotecante que disminuyan la garantía representada por el negocio. Si la hipoteca se hubiere constituido por el mismo propietario del local, el adjudicatario en caso de ejecución, adquirirá, de pleno derecho, la cualidad de arrendatario con sujeción a lo pactado en la escritura de hipoteca (art. 28).

b) *Los vehículos de motor.* Considerándose tales *los automóviles, los camiones, autocares, autobuses, tractores, motocicletas y cualesquiera otros susceptibles de matrícula en el correspondiente Registro administrativo. También serán hipotecables los tranvías, trolebuses y vagones de ferrocarril de propiedad particular* (art. 34).

c) *Las aeronaves* de nacionalidad española, inscritas en el Registro mercantil.

d) *Las máquinas, instrumentos o utensilios instalados y destinados por su propietario a la explotación de una industria y que directamente concurran a satisfacer las necesidades de la explotación misma* (art. 42). El art. 44 establece la obligación del dueño de conservar estos bienes en el lugar y el estado en que se encuentren, pudiendo usarlos conforme a su destino, pero sin merma de su integridad.

e) *Los derechos de propiedad intelectual e industrial.*

C) La prenda sin desplazamiento

Objeto de prenda sin posesión son: a) los frutos pendientes y las cosechas esperadas dentro del año agrícola en que se celebre el contrato;

los frutos separados o productos de dichas explotaciones agrícolas; los animales, así como sus crías y productos; y las máquinas y aperos de las referidas explotaciones; b) las máquinas y demás bienes muebles identificables por características propias, como marca y número de fabricación, modelo y otras análogas, que reúnan los requisitos exigidos; c) las mercaderías y materias primas almacenadas; y d) las colecciones de objetos de valor artístico e histórico, como cuadros, esculturas, porcelanas o libros, bien en su totalidad o en parte, también podrán serlo dichos objetos, aunque no formen parte de una colección (arts. 52 a 54 de la Ley).

Al constituir la prenda es preciso señalar el lugar donde han de depositarse los bienes (arts. 5-2.º y 52-2.º), desde luego a disposición del dueño que los pignora, y que puede utilizarlos.

La diferencia entre la prenda sin desplazamiento y la hipoteca mobiliaria estriba en la menor protección que tienen los bienes objeto de aquélla cuando son distraídos y pasan a manos de un tercero.

VII. TRANSMISIÓN Y OTRAS MODIFICACIONES SUBJETIVAS DE LA OBLIGACIÓN

1. Cesión de créditos

No hay razón alguna para que el derecho que ostenta el acreedor no pueda transmitirse a otra persona, salvo que medie pacto en contrario o se trate de una prestación personalísima por parte del acreedor. Es decir: Enrique puede transferir a Jaime el crédito de mil que tiene contra Luis, y Jaime ocupará entonces, la posición acreedora de Enrique. Luis podría preferir un acreedor paciente o tratable a otro más puntual o violento, pero en el campo del Derecho no cuentan tales aspiraciones.

Esta posibilidad aparece contemplada en el art. 1112 del Código civil: *todos los derechos adquiridos en virtud de una obligación son transmisibles con sujeción a las leyes, si no se hubiese pactado lo contrario.*

La transmisión de los créditos, no tratándose de cosas materiales, se verifica por el simple consentimiento, sin otra forma que la precisa para el negocio que le sirve de causa; pero *la cesión de un crédito, dere-*

cho o acción no surtirá efecto contra tercero sino desde que su fecha deba tenerse por cierta en conformidad a los arts. 1218 y 1227 (art. 1526 del Código civil).

Tercero es el interesado a quien perjudica el crédito, como en los arts. 1218 y 1227 a que expresamente se refiere el precepto: todo el que no ha tomado parte en la cesión, y a quien luego se la pretenda oponer. Por ejemplo, cuando Enrique transfiere a Jaime su crédito de mil contra Luis, son *terceros* los acreedores de Enrique, los cuales le podrán embargar el crédito como si todavía fuera suyo mientras el documento de cesión no tenga fecha *cierta*.

El deudor no puede impedir la cesión ni es parte en el contrato. Pero el antiguo y el nuevo acreedor tienen que notificársela para evitar las consecuencias del art. 1527 del Código civil: *el deudor que antes de tener conocimiento de la cesión satisfaga al acreedor, quedará libre de la obligación.*

Hecha la cesión, el adquirente recibe el crédito por su valor nominal, aunque el precio pagado por él sea inferior. El derecho a los intereses vencidos no se entiende transmitido, salvo que otra cosa se desprenda del contrato. Además, la cesión del crédito no altera las garantías de éste: conforme al art. 1528 C.c. *la venta o cesión de un crédito comprende la de todos los derechos accesorios, como la fianza, hipoteca, prenda o privilegio.*

El crédito pasa al adquirente, asimismo, con todas sus tachas, vicios y defectos, sin que el cedente responda, por regla general, de la solvencia del deudor.

2. El pago con subrogación

En ciertos casos una persona que paga una deuda ajena, recibe el crédito tal y como lo tenía el acreedor, es decir, con todas sus garantías y como si el propio acreedor se lo hubiera cedido. *La subrogación* —dice el art. 1212 del Código civil— *transfiere al subrogado el crédito con los derechos a él anexos, ya contra el deudor, ya contra los terceros, sean fiadores o poseedores de las hipotecas.*

Pero la subrogación no es la regla general. Al contrario, *la subrogación de un tercero en los derechos del acreedor no puede presumirse fuera de los casos expresamente mencionados en este Código* (art. 1209-1.º). Los principales de ellos los enumera el art. 1210 al decir que *se presumirá que hay subrogación:*

1. *Cuando un acreedor pague a otro acreedor preferente.*
2. *Cuando un tercero no interesado en la obligación pague con aprobación expresa o tácita del deudor.* Se entiende aprobación, anterior o simultánea, no posterior, del pago.
3. *Cuando pague el que tenga interés en el cumplimiento de la obligación, salvos los efectos de la confusión en cuanto a la porción que le corresponda.*

3. La asunción de deuda

La transferencia de una deuda no puede compararse con la de un crédito: la responsabilidad pasa a gravar un patrimonio distinto, y con ella cambia el conjunto de la relación.

Si Juan debe mil a Luisa, el crédito de ésta se halla garantizado por el patrimonio de Juan, y una transferencia de la deuda por Juan a Pedro (que pasaría a ser deudor en lugar de Juan) representaría una alteración sustancial del vínculo: alteración que podrá tener lugar con el consentimiento de Luisa (y no sin él), pero aun entonces no deja de constituir un cambio esencial: la deuda de Pedro es ya en principio, distinta, aun cuando pueda conservar rasgos de la anterior o estar condicionada por ella.

Las deudas no son, como los créditos, un valor a disposición del transferente acreedor, sino un *minus* en el patrimonio del deudor: una sujeción de la cual él no puede liberarse sino pagando.

Las deudas se hallan adheridas al patrimonio del deudor: unidas a él y como formando parte de él. Por eso las deudas se transmiten con el *patrimonio,* según puede observarse en el fenómeno de la herencia: el heredero que recibe el patrimonio del difunto pasa a ser deudor de sus deudas.

En cambio, a título particular, la deuda no puede ser objeto de transmisión en sentido propio, pues es vinculación de un patrimonio a una pretensión, y ni para el acreedor (o quienes tienen derechos frente a él) ni para los garantes del deudor, es indiferente el patrimonio responsable. Piénsese, en el ejemplo inicial, que Juan sea rico y no tenga deudas, y que Pedro, carezca de bienes y tenga múltiples deudas: a Luisa, la acreedora, no le da igual que le deba el uno o el otro.

Sí cabe conseguir un resultado *equivalente* a la transmisión de las deudas contando con la voluntad del acreedor y del nuevo deudor: como dice el art. 1205 del Código civil, que contempla acertadamente el cambio de deudor como una *novación*, es decir, con destrucción de la relación antigua y creación de una nueva, *la novación que consiste en sustituirse un nuevo deudor en lugar del primitivo, puede hacerse sin el conocimiento de éste pero no sin el consentimiento del acreedor.* Estos supuestos de cambio de deudor se denominan, poniendo el acento en la voluntad del nuevo obligado, de *asunción de la deuda.*

Cuando la asunción es liberatoria, *la insolvencia del nuevo deudor, que hubiera sido aceptado por el acreedor, no hará revivir la acción de éste contra el deudor primitivo, salvo que dicha insolvencia hubiese sido anterior y pública o conocida del deudor al delegar su deuda* (art. 1206 del Código civil); y —es de suponer— desconocida para el acreedor.

Tema XIV
LA RESPONSABILIDAD CIVIL

I. LA RESPONSABILIDAD CIVIL

Todo vínculo obligatorio contiene dos elementos:

A. La deuda, contenida en el art. 1088 del Código civil, y
B. La responsabilidad o garantía. En definitiva, la sujeción del patrimonio del deudor a la obtención, por parte del acreedor, de un equivalente a la prestación no cumplida por aquél.

En el Derecho actual la responsabilidad acompaña siempre a la deuda, de tal modo que *donde hay auténtica deuda siempre hay responsabilidad del deudor.*

Ello se deduce del texto del art. 1911 del Código civil: *Del cumplimiento de las obligaciones responde el deudor con todos sus bienes presentes y futuros.* Precepto éste que recoge el principio de responsabilidad o garantía patrimonial universal.

Esta responsabilidad patrimonial universal se caracteriza por:

a. La sujeción de todos los bienes del deudor —presentes y futuros— al cumplimiento de la obligación. Existen excepciones respecto de aquellos bienes necesarios para la subsistencia del deudor y su familia.

b. Dado que es una responsabilidad patrimonial están fuera de su ámbito todos aquellos bienes que carezcan de contenido económico o patrimonial (por ejemplo: derechos de la personalidad).

El art. 1911 C.c. no asegura el cumplimiento de la obligación sino cuando el deudor tiene bienes con que responder. Pero la falta de bienes del deudor para hacer efectiva una deuda no la extingue (se tratará de un deudor insolvente) ni deroga la regla del art. 1911 que grava los bienes presentes y futuros, pero no presupone la existencia de esos bienes; cuando existan se dirigirán al cumplimiento de la obligación.

Existe algún supuesto en que la responsabilidad patrimonial universal puede tener excepciones, por convenio entre las partes. La fundamental se produce en el pacto de limitación de responsabilidad, en la hipoteca, al inmueble hipotecado (art. 140 de la Ley hipotecaria), en el cual nadie queda obligado al pago de la cantidad prometida, siendo exclusivamente la finca la que responde de ella. El acreedor sólo se podrá dirigir contra la finca, para que salga a pública subasta y cobrarse con el precio pagado por ella.

El art. 1089 C.c. al establecer que *las obligaciones nacen de los contratos y cuasicontratos, y de los actos y omisiones ilícitos o en que intervenga cualquier género de culpa o negligencia* ha querido distinguir entre la responsabilidad que nace del posible incumplimiento de los contratos —responsabilidad contractual y la derivada de los actos ilícito —responsabilidad extracontractual, también denominada como responsabilidad civil para distinguirla de la responsabilidad penal.

La responsabilidad civil, la nacida ... *de los actos ilícitos o en que intervenga cualquier género de culpa o negligencia* y que no puedan calificarse como delito se rige por el art.1902 del C.c.: *el que por acción u omisión cusa daño a otro, interviniendo culpa o negligencia, está obligado a reparar el daño causado.*

De lo expuesto pude concluirse que en contraposición a la responsabilidad contractual, recogida en el art. 1101 C.c. *Quedan sujetos a la indemnización de los daños y perjuicios causados los que en el cumplimiento de las obligaciones incurrieren en dolo, negligencia o morosidad, y los que de cualquier modo contravinieren el tenor de aquella,* hay una responsabilidad extracontractual cuya característica fundamental es que no existe un vinculo obligatorio o relación jurídica preexistente entre el autor del daño y el perjudicado.

Hasta aquí puede deducirse que la responsabilidad solo se deriva de hechos propios (art 1902 C.c.) y nada más lejos de la realidad; existe, también, la responsabilidad por hecho ajeno y esta se regula en el art.1903 C.c., que estable en su párrafo primero: *La obligación que impone el artículo anterior es exigible, no solo por los actos u omisiones propios sino por los de aquellas personas de quienes se debe responder* Esta es la responsabilidad denominada **responsabilidad por hecho ajeno o responsabilidad por hecho de otro**

Dentro de la responsabilidad por hecho ajeno el art 1903 hace responsables a:

1. ***Los padres*** *son responsables de los daños causados por los hijos que se encuentren bajo su guarda.*
2. ***Los tutores*** *lo son de los perjuicios causados por los menores o incapacitados que se encuentren bajo su autoridad y habitan en su compañía y habitan en su compañía.*
3. *Lo son igualmente (responsables)* ***los dueños o directores de un establecimiento o empresa*** *respecto de los perjuicios causados por sus dependientes en el servicio de los ramos en que los tuvieran empleados, o con ocasión de sus funciones.*
4. ***Las personas o entidades que sean titulares de un Centro docente de enseñanza no superior*** *responderán por los daños y perjuicios que causen a sus alumnos menores de edad durante los periodos de tiempo en que los mismos se hallen bajo el control y vigilancia del profesorado del centro, desarrollando actividades escolares o extraescolares y complementarias.*

Con respecto a los dos últimos párrafos cabe decir que el art.1904 C.c. establece que: *El que paga el daño causado por su dependientes puede repetir de estos lo que hubiese satisfecho.*

Cuando se trate de Centros docentes de enseñanza no superior, sus titulares podrán exigir de los profesores las cantidades satisfechas, si hubieren incurrido en dolo o culpa grave en el ejercicio de sus funciones que fuesen causa del daño.

En el Código Civil existen supuestos en los que la responsabilidad extracontractual nace, aun cuando quien sea responsable de ella no haya incurrido en culpa o negligencia, Así ocurre, por ejemplo, en los supuestos regulados en los artículos 1905 y 1908,3º del referido Cuerpo legal.

Tema XV
EL CONTRATO

I. CONCEPTO DE CONTRATO

1. Antecedentes. El Código civil

Se entiende por contrato el acuerdo de voluntades entre dos o más personas creador de derechos y obligaciones entre ellas.

En esta materia rige el principio de *autonomía de la voluntad*, según el cual puede contratarse sobre cualquier materia no prohibida por la ley. Así, todo acuerdo de voluntades que en la intención de las partes se dirija a vincularlas entre sí creando derechos y correlativas obligaciones es contrato, obliga, y en cuanto tal contrato goza de la protección del ordenamiento jurídico.

En esta línea se sitúa la regulación del Código civil, para el cual *existe contrato desde que una o varias personas consienten en obligarse* (art. 1254 C.c.) y *los contratos se perfeccionan por el mero consentimiento* (art. 1258 C.c.); añadiendo el art. 1091 que *las obligaciones que nacen de los contratos tienen fuerza de ley entre las partes contratantes.* Es decir, que el contrato obliga por el solo acuerdo de voluntades entre los sujetos.

Este planteamiento se fundamenta en dos criterios básicos: **la libertad de forma**, y la **libertad de contenido.**

El principio de libertad de forma se contiene en el art. 1278 del Código civil, según el cual los contratos *serán obligatorios, cualquier que sea la forma en que se hayan celebrado.* Lo que quiere decir que cualquier acuerdo de voluntades dirigido a crear derechos y obligaciones entre las partes vale por sí, siempre que tenga una exteriorización suficiente, sin que sea precisa la observancia de una forma determinada; salvo aquellos supuestos específicos en que la ley dispone lo contrario, ya que este principio de libertad de forma tiene excepciones.

La libertad de contenido significa que las partes pueden construir el contrato adecuado a sus necesidades y deseos, y éste vale siempre, a menos que choque con los límites generales del art. 1255 del Código civil, con arreglo al cual *los contratantes pueden establecer los pactos, cláusulas y condiciones que tengan por conveniente, siempre que no sean contrarios a las leyes, a la moral ni al orden público.*

II. LA DECLARACIÓN DE VOLUNTAD

1. La declaración, en general

El contrato se perfecciona por el consentimiento de las partes, es decir, de cada una de ellas.

Esos *consentimientos,* para tener eficacia jurídica, precisan una manifestación al exterior que los haga visibles, pues la voluntad del hombre sólo tiene relevancia para el Derecho cuando se exterioriza. La voluntad, para ser eficaz, ha de manifestarse mediante una *declaración:* éste es el fenómeno externo que puede aprehender la gente, y a través del cual se tiene conocimiento de la voluntad del declarante.

Además, cuando se trata de una voluntad dirigida a la celebración de un contrato, su declaración ha de dirigirse a otra persona es decir, es *recepticia.*

Pero la declaración de voluntad no ha de ser, necesariamente, expresa: a veces se deduce de palabras o actos que no están destinados a manifestarla, y en alguna ocasión, del simple silencio: del hecho negativo de no hablar o no responder.

En ocasiones, un determinado modo de comportarse puede ser considerado como una declaración de voluntad contractual, aunque el sujeto del mismo ni sea consciente de esta valoración ni, desde luego, quiera hacer una declaración frente a otros sujetos. Así ocurre, a veces, con ciertas actitudes o hechos concluyentes de las personas, de los cuales deducen la ley o el juez la existencia de una determinada voluntad. Por ejemplo, del hecho de realizar gestiones y actos de administración en relación con unos bienes de los que se es heredero, deduce el art. 999 del Código civil que se ha aceptado la herencia.

Respecto al silencio, puede constituir declaración *expresa* de la voluntad contractual cuando así lo han previsto, mediante pacto, los interesados. Esta especie de acuerdos es relativamente frecuente en la vida de los negocios como, por ejemplo, cuando se pacta la adquisición de todos los modelos de un determinado producto, según vayan apareciendo y salvo manifestación en contrario.

2. Formación del contrato. Oferta y aceptación

El art. 1262-1 C.c., tratando de explicar el requisito del consentimiento en el contrato, dice que *se manifiesta por el concurso de la oferta y de la aceptación sobre la cosa y la causa que han de constituir el contrato.* Es decir, que el contrato no supone simplemente la emisión de dos consentimientos, de dos declaraciones de voluntad, sino de unos consentimientos *coincidentes*, acordes en una misma fórmula contractual.

Habitualmente se llega a esa coincidencia mediante la *oferta y la aceptación* de la propuesta del oferente.

La **oferta** consiste en una declaración de voluntad dirigida a un eventual cocontratante, o al público en general, encaminada a lograr el establecimiento del acuerdo contractual. Tiene que ser precisa, completa y definitiva y revelar inequívocamente el propósito de vincularse contractualmente.

La **aceptación**, para poder dar lugar al acuerdo contractual, debe referirse a la oferta y coincidir perfectamente con ella, ya que de otra manera no tendría lugar el concurso de voluntades y habría de considerarse eventualmente como una contraoferta de celebrar un contrato distinto dirigida al primitivo oferente. La aceptación debe dirigirse a la persona del oferente, hacerse mientras la oferta sigue vigente y ser expresiva de la intención de concluir el contrato propuesto.

A veces la oferta va seguida de unas conversaciones entre las partes, tratando de llegar a un acuerdo mediante rectificaciones y aproximaciones sucesivas de sus respectivas propuestas. En tales casos el autor de cada propuesta (que representa una nueva oferta) puede, en principio, revocarla hasta el momento en que tiene lugar la aceptación de la misma y, con ella, el acuerdo vinculante, salvo, naturalmente, que el propio oferente se haya obligado, al hacer su declaración, a mantener la oferta durante un cierto período de tiempo.

3. Contratación entre ausentes

Se trata de un supuesto especial que afecta a la contratación entre personas alejadas entre sí, y que no se refiere al supuesto de personas físicamente alejadas pero que pueden comunicarse por teléfono, sino al supuesto de personas que han de comunicarse por correspondencia.

Este supuesto plantea, además de las cuestiones ya apuntadas, el problema fundamental del momento en que se perfecciona el contrato.

En teoría los sistemas posibles son:

a) *De la declaración*. El contrato se perfecciona en el momento mismo de manifestar la aceptación el cocontratante.

b) *De la expedición*. Se perfecciona al remitir la declaración de aceptación.

c) *De la recepción*. Se perfecciona al llegar a poder del oferente la aceptación, de forma que éste pueda normalmente conocerla, aunque de hecho no llegue a enterarse de ella (por ejemplo, por estar ausente de su casa o negocio cuando llegó la carta).

d) *Del conocimiento*. Es preciso que la aceptación llegue *efectivamente* a conocimiento del oferente.

4. Capacidad para prestar consentimiento

Según el art. 1263 del Código civil, *no pueden prestar consentimiento: 1º Los menores no emancipados. 2º Los incapacitados*.

Cuando la ley niega a los menores la capacidad para contratar intenta, sin duda, protegerlos de la posibilidad de que, como consecuencia de su debilidad de juicio o de su inexperiencia, los contratos en que intervengan degeneren de bilaterales en unilaterales, ante la eventualidad de que el otro contratante capte la voluntad del menor. Pero no supone que todos los menores sean *naturalmente* incapaces de prestar consentimiento.

Por ello el art. 1263-1°, establecido para proteger al menor, no comporta que los contratos llevados a cabo por el menor de edad sean completamente nulos, ya que sólo pueden ser objeto de anulación a petición de las personas legitimadas para ello —su representante o el propio menor cuando alcanza la mayoría de edad—, alegando al interponer la acción impugnatoria correspondiente la menor edad en el momento de contratar (art. 1301).

III. VICIOS EN LA DECLARACIÓN DE VOLUNTAD

1. El error

Según el art. 1265 C.c. *será nulo el consentimiento por error, violencia, intimidación o dolo.*

Respecto al error cabe hablar de:

a. Error obstativo. Puede ocurrir que uno o ambos contratantes se equivoquen al hacer una declaración que no se corresponde con lo que quieren. Por ejemplo como si un declarante piensa o desea dar en arriendo la finca por tal cantidad semanal y escribe que la ofrece en venta por ese importe. Este tipo de error debe hacer completamente nulo el contrato, porque impide que el que yerra manifieste o exteriorice lo que verdaderamente quiere.

b. Error vicio. Al error obstativo se opone el llamado error-vicio: la falsa representación de las circunstancias objetivas o subjetivas que deciden a emitir la declaración y que, por tanto, afectan a la *formación* de la voluntad. En este caso el declarante *quiere* realmente lo que declara: la declaración obedece a una voluntad real. El defecto está antes: en la formación de esa voluntad:

el declarante quiere vender en tal precio cien metros cúbicos de la madera que tiene almacenada creyendo que es de pino, e ignorando que el pino lo vendió ya su hijo y que lo que tiene en el almacén es ébano; o cuando en un matrimonio, un cónyuge firma un cheque para disponer de la cuenta corriente que tiene en una Entidad Bancaria, creyéndose titular de la misma, pero ignorando que el otro cónyuge la abrió a su exclusivo nombre. Hay un error en los presupuestos que mueven la voluntad: el declarante *no habría querido si hubiese sabido...* pero como no sabe, realmente ha querido. Es a este género de error al que se refieren los arts. 1265 y 1266 del Código civil.

c. *Error de hecho y de derecho.* Puede suceder que el error sea de derecho, esto es, acerca del significado y validez de una norma: Emilio ofrece su piso, para que lo adquieran con preferencia, a los otros vecinos de la casa porque cree que los copropietarios tienen derecho de retracto, ignorando que la norma que así lo disponía fue derogada por la Ley de propiedad horizontal de 1960.

La admisibilidad del error de derecho como causa de nulidad de la declaración es discutible, ya que según el art. 6º-1 C.c., tal *error tan sólo producirá aquellos efectos que las leyes determinen,* y cabría mantener su falta de todo efecto anulatorio a menos que la ley se lo conceda expresa o concluyentemente.

Para que el error pueda dar lugar a la impugnación del contrato, debe ser **excusable**, en el sentido de que no pueda salvarse con una diligencia normal por no ser imputable a quien lo padece, e igualmente ha de ser **recognoscible**, esto es, ha de poder ser reconocido por la otra parte contratante usando de una diligencia normal, pues si no puede reconocerlo el cocontratante, no cabe destruir la expectativa de éste en orden a la validez y eficacia del contrato.

El error ha de ser **sustancial** para que dé lugar a la invalidación del contrato. Ha de recaer (art. 1266 del Código civil) sobre la *sustancia de la cosa que fuere objeto del contrato o sobre aquellas condiciones de la misma que principalmente hubieren dado motivo a celebrarlo o bien sobre la persona, cuando la consideración a ella hubiere sido causa principal del mismo.*

El error sobre la persona puede invalidar el contrato cuando en consideración a la misma se ha concluido la estipulación. Por ejemplo, aquellos pactos cuyo desarrollo exige ciertas habilidades del contratante que va a resultar obligado a prestarlas (como el contrato de obra), o que implican la confianza en la persona (como los contratos de depósito).

Del ámbito del error como vicio del consentimiento queda excluido expresamente el error de cálculo, pues como dice el art. 1266, 3, del Código civil, *el simple error de cuenta sólo dará lugar a su corrección.* También es irrelevante el mero error en los motivos: el que uno sufre cuando, por ejemplo, compra una vivienda en una ciudad a la que, siendo funcionario, cree erróneamente que ha sido trasladado o solicita una Tarjeta de Crédito de una determinada Entidad, creyendo que opera en todo el mundo, cuando está restringida al marco de la Unión Europea.

2. El dolo

El error que mueve a una de las partes a contratar puede ser espontáneo, o *provocado maliciosamente por el engaño del otro contratante.*

También en este segundo supuesto el defecto del consentimiento contractual se encuentra básicamente en la falsa representación de las cosas que se hace el que yerra, pero suele considerarse como vicio específico al engaño causado dolosamente por el otro contratante porque consiente también, aunque el error que provoca no reúna todas las circunstancias que se han señalado, la impugnación del contrato.

El engaño empleado por uno de los contratantes para decidir al otro a que contrate constituye la figura del dolo, que viene, así, definido en el art. 1269C.c., diciendo que *hay dolo cuando, con palabras o maquinaciones insidiosas de parte de uno de los contratantes, es inducido el otro a celebrar un contrato que, sin ellas, no hubiera hecho.*

Dentro de las palabras o maquinaciones a que se refiere el Código pueden englobarse todas las acciones mediante las cuales se puede lograr el objetivo de captar la voluntad del otro contratante, y también *la abstención,* es decir, aquella conducta que consiste en no sacar del error que ya padece antes de contratar al otro contratante. Asimismo las medias palabras o las informaciones imprecisas o incompletas, podrán también considerarse en ocasiones como maquinaciones dolosas y, desde luego, lo son en todos aquellos casos en que exista, impuesto por la buena fe, un especial deber de información fidedigna por parte de los contratantes en orden a la determinación de los extremos básicos del contenido contractual: piénsese, por ejemplo, en la información que el asegurado debe proporcionar al asegurador al objeto de poder establecer adecuadamente la prima y la eventual indemnización.

Esas palabras o maquinaciones que configuran el elemento objetivo del dolo tienen que ser empleadas maliciosamente, con **intención de engañar**, sin que puedan equipararse a ellas las alabanzas excesivas de la mercancía propias de los comerciantes, y en general aquella conducta que se ajusta a la práctica negocial corriente.

Respecto a los **requisitos que ha de reunir el dolo** para que produzca la nulidad del contrato y de acuerdo con el art. 1270, 1, del Código civil, *deberá ser grave y no haber sido empleado por las dos partes contratantes*. Además, el dolo ha de ser determinante, ha de conseguir provocar un error en la otra parte de una entidad tal que decida efectivamente su consentimiento o, como dice el art. 1269 del Código civil, que la induzca a celebrar un contrato que, sin las palabras o maquinaciones insidiosas, no hubiera hecho.

3. La intimidación

La voluntad contractual puede estar deformada no sólo por el error, que se refiere a la consciencia, sino también por el miedo, que afecta a la libertad. Ahora bien, el ordenamiento no da relevancia a cualquier temor como vicio del consentimiento invalidante del contrato, sino solamente a aquel que reúne ciertas características que componen la figura legal de la intimidación, que tiene, como el dolo, un claro carácter de ilicitud.

No es relevante el llamado temor reverencial y, como dice el art. 1267, 4, C.c. *el temor de desagradar a las personas a quienes se debe sumisión y respeto no anulará el contrato.*

Según determina el Código civil en el art. 1267, 2, *hay intimidación cuando*, para conseguir su consentimiento contractual, *se inspira a uno de los contratantes el temor racional y fundado de sufrir un mal inminente y grave en su persona o bienes, o en la persona o bienes de su cónyuge, descendientes o ascendientes.*

La amenaza puede provenir tanto del otro contratante como de una tercera persona, disponiendo el Código a este respecto, en el art. 1268, que *la violencia o intimidación anularán la obligación, aunque se hayan empleado por un tercero que no intervenga en el contrato.*

Son **requisitos** para que la **intimidación** pueda dar lugar a la anulación del contrato que la amenaza sea considerable, que consista en un mal inminente y grave de carácter antijurídico y que la coacción inspire en quien la sufre un temor racional y fundado que le determine a contratar.

IV. EL OBJETO DEL CONTRATO

Según el art. 1261 del Código civil, *no hay contrato sino cuando concurren los requisitos siguientes:... 2.º Objeto cierto que sea materia del contrato.*

El Código civil determina en el art. 1271, que pueden ser objeto del contrato todos los servicios lícitos y todas *las cosas que no están fuera del comercio de los hombres, aún las futuras.* Los servicios, por su parte, son todos futuros.

Según el art. 1272 del Código civil *no podrán ser objeto de contrato las cosas o servicios imposibles:* aquéllas que no pueden llegar a existir o no pueden alcanzarse por nadie. Y conforme al art. 1273 *el objeto de todo contrato debe ser una cosa determinada en cuanto a su especie. La indeterminación en la cantidad no será obstáculo para la existencia del contrato, siempre que sea posible determinarla sin necesidad de nuevo convenio entre los contratantes.*

La determinación de la cantidad puede quedar al arbitrio de uno de los contratantes siempre que esto no suponga dejar a su voluntad el cumplimiento del contrato.

V. LA CAUSA DEL CONTRATO

Entre los requisitos del contrato, el art. 1261 enumera, además del consentimiento y del objeto, el de la *causa: causa de la obligación que se establezca.*

En algún momento el Código civil identifica el requisito de la *causa* con el contenido del contrato o con el *tipo* contractual: venta, arriendo, sociedad. En especial, cuando en el art. 1262 habla de «causa del contrato».

El requisito de la causa debe entenderse como una exigencia de que la obligación asumida mediante el contrato esté *justificada*, es decir, que en la intención de las partes la promesa se haya hecho, bien a cambio de algo (y entonces ese *algo* que va a recibir el promitente justifica su promesa), bien con ánimo liberal, con intención de donar sin recibir nada a cambio. Tal es el significado del art. 1274 del Código civil, a cuyo tenor, *en los contratos onerosos se entiende por causa, para cada parte contratante, la prestación o promesa de una cosa o servicio por la otra parte; en los remuneratorios, el servicio o beneficio que se remunera, y en los de pura beneficencia; la mera liberalidad del bienhechor.*

El art. 1274 del Código civil es, expresión de una regla general: "toda adquisición que nos viene de otro ha de estar justificada"; lo mismo si recibo la propiedad de una cosa (justificada por compra, por donación, etc., y por tanto por el precio que yo pago o el ánimo liberal de quien me la regala) que si recibo un crédito, esto es, si uno se obliga frente a mí. En ambos casos hay una *atribución patrimonial* (también cuando alguien se obliga a darme algo aumento mi patrimonio con algo que no tenía: un crédito), y en ambos se requiere una *causa justificativa* para que la atribución sea válida y se mantenga.

1. La causa en los contratos gratuitos

Las atribuciones que se hacen gratis, sin contraprestación, tienen como causa justificativa, según dice el final del art. 1274, *la mera liberalidad del bienhechor*. Este se obliga a prestar o realiza la entrega sabiendo que no va a ser correspondido, y deseando enriquecer al destinatario de la promesa o el bien.

El contrato típico de mera liberalidad es la donación, que se caracteriza por ser un acto de disminución en sentido estricto, del propio patrimonio, aumentando el del donatario.

2. La causa en los contratos onerosos

En los contratos onerosos cada promesa o prestación viene correspondida, por otra: por ejemplo, en la venta, la cosa que se obliga a entregar el vendedor por el precio que habrá de pagar el comprador. Cada parte está dotada de una exigencia y gravada con un deber recíprocos; cada relación se establece sirviendo de causa a la otra, de modo que ambas partes son, a la par, deudor y acreedor, y por un motivo idéntico: la prestación de un contratante se quiere por el otro como equivalente de la que él realiza.

Para que el contrato tenga carácter oneroso no es preciso que se entrecrucen dos prestaciones simultáneas, sino que cada prestación tenga su correspondencia en otra. Es lo que sucede con el préstamo a interés. Nada importa que en él, el prestamista, una vez que ha entregado al prestatario la cantidad objeto del préstamo, no tenga ya ninguna otra obligación.

A estas obligaciones interrelacionadas se les llama *sinalagmáticas*. En ellas la vinculación de cada obligación recíproca a la otra se traduce en el *mutuo condicionamiento* de ambas: la una vive si vive la otra, y cuando la otra se extingue sin haberse cumplido, la una pierde su razón de vivir y se extingue también.

3. La excepción de contrato no cumplido

Conforme al art. 1100, final, del C.c., *en las obligaciones recíprocas ninguno de los obligados incurre en mora si el otro no cumple o no se allana a cumplir debidamente lo que le incumbe. Desde que uno de los obligados cumple su obligación, empieza la mora para el otro.*

Del citado precepto se desprende que: **nadie está obligado a cumplir, mientras no cumpla la otra parte contratante, salvo que del contrato se deduzca la obligación de uno de realizar antes su prestación.**

Salvo esto, el contratante a quien se pide el pago por la parte que tampoco ha pagado podrá alegar esta circunstancia (inejecución) para negarse a cumplir el primero; o bien, si el contrato le fuerza a iniciar primero el cumplimiento, puede suspenderlo tan pronto como comience el incumplimiento de la otra parte.

Por ejemplo: una empresa constructora se obliga a edificar un grupo de viviendas para una cooperativa, a pagar por certificaciones mensuales de obra realizada. Es evidente que la constructora habrá de iniciar ella primero su labor, pero si, vencido el plazo para el pago de la primera certificación de obra, no la ha cobrado, podrá suspender los trabajos hasta que perciba su importe.

4. La resolución por incumplimiento

De acuerdo con el art. 1124 del Código civil, *la facultad de resolver las obligaciones se entiende implícita en las recíprocas* (pero sólo en las verdaderamente recíprocas) *para el caso de que uno de los obligados no cumpliera lo que le incumbe.* O lo que es lo mismo: negándose una de las partes a cumplir su obligación en un contrato sinalagmático, la otra parte puede denunciar ese contrato dejándolo sin efecto. Si se trata, por ejemplo, de la compra de una máquina, el vendedor, que la entregó, y a quien no se le paga el precio, puede pedir la resolución del contrato y recuperar la cosa entregada. Si no tenía obligación de entregarla hasta recibir el precio, la resolución le libera definitivamente de realizar la entrega.

El Código civil formula esto como si funcionase un pacto, implícito en todo contrato recíproco, facultando a cada parte para resolver, en caso de incumplimiento de la contraria. Bien entendido que se trata de una simple facultad: no es que el incumplimiento culpable de una de las partes resuelva el contrato, sino que, como dice el art. 1124-2.º, *el perjudicado podrá escoger entre exigir el cumplimiento o la resolución de la obligación, con el resarcimiento de daños y abono de intereses en ambos casos:* es la declaración de voluntad de querer liberarse, hecha por la parte perjudicada y que ya cumplió cuanto debía o se comportó con diligencia y buena fe, la que extingue simultáneamente las obligaciones principales o deshace los efectos de su cumplimiento, quedando sólo el deber de indemnizar en su caso. Dicha declaración puede consistir en una demanda judicial, o bien hacerse extrajudicialmente, comunicando a la parte morosa la voluntad de resolver.

Para que proceda la resolución, la resistencia del obligado a cumplir ha de ser comprobada, real y considerable. En supuestos en los que todavía es posible cumplir, para poder resolver ha de tratarse de verdadero y propio incumplimiento; de una voluntad deliberadamente rebelde a la ejecución de lo pactado; de modo que ni el mero retraso, ni infracciones contractuales mínimas y poco significativas, valen a tal efecto.

VI. LA FORMA EN LOS CONTRATOS

Cualquier negocio tiene una *forma*, consistente en actos u omisiones externos expresivos de una voluntad: las palabras, el documento escrito, las señas (el que para un taxi; el que puja en una subasta), los actos concluyentes que hacen presumir determinada voluntad, e incluso el silencio de la parte que pudo y debió hablar.

En principio el Código civil no exige una forma determinada a los contratos. *Los contratos se perfeccionan por el mero consentimiento* (art. 1258 del Código civil) y *los contratos serán obligatorios, cualquiera que sea la forma en que se hayan celebrado, siempre que en ellos concurran las condiciones esenciales para su validez* (art. 1278 del Código civil).

Pero frente a esta regla general de libertad de forma, el ordenamiento jurídico exige, para supuestos concretos, una forma determinada: son los *contratos formales o solemnes*. Para estos contratos la forma es un requisito más porque sólo a través de ella puede quedar válidamente expresada la voluntad. La observancia de una forma determinada (documento público) se requiere para que el contrato pueda hacerse valer como existente frente a los terceros.

Los contratos a los que se exige una forma, no para su validez, sino a efectos de probar su existencia ante terceros, son los enumerados en el art. 1280, según el cual *deberán constar en documento público:*

1.º Los actos y contratos que tengan por objeto la creación, transmisión, modificación o extinción de derechos reales sobre bienes inmuebles.

2.º Los arrendamientos de estos mismos bienes por seis o más años, siempre que deban perjudicar a tercero.

3.º Las capitulaciones matrimoniales y la constitución y aumento de la dote, siempre que se intente hacerlos valer contra terceras personas.

4.º La cesión, repudiación y renuncia de los derechos hereditarios o de los de la sociedad conyugal.

5.º El poder para contraer matrimonio, el general para pleitos y los especiales que deban presentarse en juicio; el poder para administrar bienes, y cualquier otro que tenga por objeto un acto redactado o que deba redactarse en escritura pública, o haya de perjudicar a tercero.

6.º La cesión de acciones o derechos procedentes de un acto consignado en escritura pública.

VII. INTERPRETACIÓN DEL CONTRATO

Interpretar una declaración de voluntad es averiguar el sentido de la fórmula verbal en que ordinariamente se expresa.

El Código civil establece unos criterios previos, con ayuda de los cuales ha de abordarse inicialmente la averiguación del sentido de la fórmula verbal.

La norma básica en el Código civil es el art. 1281, con arreglo al cual *si los términos de un contrato son claros y no dejan duda sobre la intención de los contratantes, se estará al sentido literal de sus cláusulas. Si las palabras parecieren contrarias a la intención evidente de los contratantes, prevalecerá ésta sobre aquéllas.*

La claridad, más que en los términos del contrato, ha de estar y verse en la intención de los contratantes. Esta intención de los contratantes, es la que resulta de unas manifestaciones comunes de aquéllos, que deben juzgarse conforme a la intención presumiblemente común con que fueron hechas, y no con arreglo al criterio de una de las partes.

El hecho de que la declaración sea común no puede hacer olvidar que al contrato concurren dos voluntades diferentes, cada una persiguiendo su interés egoísta, tratando la interpretación de sacrificar el elemento subjetivo de lo que cada parte realmente quería al objetivo de la composición de intereses a través de la apreciación del lenguaje común de las partes.

Según el art. 1282, *para juzgar de la intención de los contratantes, deberá atenerse principalmente a los actos de éstos, coetáneos y posteriores al contrato*. Se puede y se debe atender también a los actos de los contratantes anteriores al contrato, por la trascendencia que puede tener el enlace del contrato objeto de interpretación con otros que le hayan servido de antecedente o base legal.

Entre otras reglas más particulares del Código civil, son importantes las siguientes:

- Art. 1284. *Si alguna cláusula de los contratos admitiere diversos sentidos, deberá entenderse en el más adecuado para que produzca efecto*. Hay que excluir, por tanto, aquellas interpretaciones que hagan las cláusulas del contrato inútiles.
- Art. 1285. *Las cláusulas de los contratos deberán interpretarse las unas por las otras, atribuyendo a las dudosas el sentido que resulte del conjunto de todas*.
- Art. 1288. *La interpretación de las cláusulas oscuras de un contrato no deberá favorecer a la parte que hubiese ocasionado la oscuridad*. Esta regla de interpretación representa pues, una carga adicional para el redactor unilateral del contrato, y correlativamente una ventaja para quien lo suscribe sin haber intervenido en su redacción.

El contrato, por bien redactado que esté y por mucho que las partes hayan pensado sobre él, puede ser incompleto, es decir, habrá problemas y eventualidades en relación a los cuales las partes no habrán predispuesto ninguna solución. En tales casos ya no se trata de *interpretar* las palabras de las partes para deducir de ellas una voluntad común, sino completarlo: llenar sus lagunas como el juez colma los vacíos de la ley. Y para esto se proponen dos procedimientos distintos:

a) Acudiendo al resto del propio contrato, deduciendo la solución del caso no previsto expresamente, de las líneas generales establecidas por la voluntad de las partes. A esta voluntad se debe atender con preferencia, pues ella es origen del negocio y determinante de la finalidad perseguida. Pero este procedimiento sólo es aplicable en tanto se pueda deducir de lo escrito una voluntad probable en orden a la solución del problema.
b) Cuando no es posible extraer del texto una solución, tenemos que resolver la duda (para que el contrato pueda funcionar) acu-

diendo a elementos externos. Así se deduce del art. 1258 del Código civil, con arreglo al cual *los contratos obligan, no sólo al cumplimiento de lo expresamente pactado, sino también a todas las consecuencias que, según su naturaleza, sean conformes a la buena fe, al uso y a la ley.*

Así:

1. Se aplicará con preferencia la regulación legal supletoria del correspondiente contrato, y en su caso se acudirá a las reglas generales de los contratos.
2. De acuerdo con el art. 1287 del Código civil, *el uso o la costumbre de país se tendrán en cuenta para interpretar las ambigüedades de los contratos, supliendo en éstos la omisión de cláusulas que de ordinario suelen establecerse.* Por tanto, no se trata simplemente de aclarar cláusulas ambiguas, sino también de que se consideren incluidas unas que no figuran en el documento, pero que son habituales en los de la misma clase.
3. El término buena fe significa que, en lo no previsto por las partes, los derechos y deberes de cada uno son los que se deducen de la equidad y el mayor equilibrio de intereses. Por ejemplo, por imperativo de la buena fe de una Entidad Bancaria, la misma ha de intentar el sistema más rápido y de menor costo para el cliente cuando cumplimente una orden de transferencia o envíe una remesa documentaria a otro país. Es decir, para enviar una remesa o transferencia a Estados Unidos, no se debe utilizar como correo un buque mercante, que tarde en cruzar el Atlántico un mes y medio.

VIII. EFECTOS DEL CONTRATO

El efecto fundamental del contrato es obligar a las partes al cumplimiento de lo pactado.

Según el art. 1091, *las obligaciones que nacen de los contratos tienen fuerza de ley entre las partes contratantes, y deben cumplirse al tenor de los mismos.*

Las obligaciones nacidas del contrato vinculan a su cumplimiento como la ley misma.

Vinculadas recíprocamente las partes, ninguna puede romper por su voluntad el contrato. En ningún caso cabe pactar que una de las partes pueda, a su arbitrio, cumplir o no, o dejar el contrato en vigor o extinguirlo: como dice el art. 1256 C.c., *la validez y el cumplimiento de los contratos no pueden dejarse al arbitrio de uno de los contratantes.*

Asimismo, según el art. 1257-1º del Código civil, *los contratos sólo producen efecto entre las partes que los otorgan.* Quiere decir este precepto que el efecto vinculante del contrato sólo se produce entre las partes, es decir, entre quienes lo otorgan. Por el contrario, los contratos no obligan a los *terceros,* es decir, a quienes no son parte contratante. Es cierto que no les *obliga,* pero, también frente a ellos, *existe,* y han de respetar sus consecuencias.

1. Los contratos a favor de tercero

Según el art. 1257-2.º del Código civil, si el contrato *contuviere alguna estipulación en favor de un tercero, éste podrá exigir su cumplimiento, siempre que hubiese hecho saber su aceptación al obligado antes de que haya sido aquélla revocada.* Por ejemplo si Juan contrata un seguro de vida designando beneficiaria a su esposa: ésta no es parte en el contrato, sino tercero, pero un tercero que, mediante la aceptación, puede exigir la prestación pactada.

La variedad más frecuente del contrato a favor de tercero es el seguro de vida en caso de fallecimiento, designando como beneficiario de la indemnización a la persona a quien se desea favorecer.

La promesa hecha por un contratante al otro en favor de un tercero produce un efecto inmediato que consiste en atribuir al favorecido el derecho de aceptarla. Tal derecho es transmisible a los herederos, que pueden hacer uso de él si no aceptó su causante: por ejemplo, si María, beneficiaria de un seguro en caso de muerte de Juan, fallece poco después de Juan y sin enterarse del beneficio que el seguro le atribuía, sus herederos podrán aceptarlo.

Por la aceptación, el beneficiario de una estipulación en favor de tercero adquiere derecho frente al obligado (*promitente:* el que promete prestar) a reclamar la prestación, e impide que el *estipulante* (el que contrata la prestación ajena) pueda revocarla. Este derecho lo adquiere el favorecido directamente del promitente, sin mediación del patrimonio del estipulante y desde el día del contrato. Esto es, como si lo hubiera adquirido él del obligado a prestar, sin intervención del estipulante. Por ejemplo si Juan, hombre casado y con hijos, contrata un seguro de vida para caso de muerte por una elevada cantidad en favor de Luisa, llegado el caso ésta recibe el dinero directamente de la compañía aseguradora, y no como herencia de Juan, con lo cual la viuda e hijos de éste no pueden impugnar directamente la atribución, ni tampoco los acreedores si dejó más deudas que bienes.

IX. INEFICACIA E INVALIDEZ DE LOS CONTRATOS

1. Ineficacia

Todo contrato se dirige a la producción de unos efectos y, de ordinario, los produce realmente acordes con la voluntad de los contratantes. En caso contrario, se califica al contrato como *ineficaz*.

Por tanto, **es *ineficaz* el contrato que no surte ningún efecto, o no surte los efectos que corresponden a su contenido.**

Por ejemplo, el contrato por el que vendo yo, creyéndola mía, la casa de Juan, es un contrato ineficaz: no produce su efecto propio, pues, habida cuenta del error en que me hallo, no nace para mí la obligación de entregar la casa. Pero la **ineficacia** en ningún caso puede confundirse con la **invalidez.**

2. La invalidez

Se llama *invalidez* a la negación de la fuerza vinculante de un contrato por ser contrario a Derecho: es una especie de sanción por su ilegalidad.

Si el efecto propio de todo contrato es vincular a las partes, que queden éstas obligadas a una determinada conducta, en el contrato inválido, o no hay vinculación ni obligación, o una y otra se mantienen a punto de extinguirse.

En el Código civil se distinguen **dos clases de invalidez:**

A) La llamada **nulidad absoluta**, de pleno derecho o radical, que en ocasiones se califica de inexistencia y que impide definitivamente el efecto vinculante del contrato, y cuyas características fundamentales son:

1. No precisa declaración judicial, ni una previa impugnación del negocio, ya que opera automáticamente o de pleno derecho.
2. Cuando, de hecho, haya surgido cierta apariencia negocial, podrá ser útil, y aún prácticamente necesario, ante la resistencia de quien sostenga la validez, solicitar la intervención judicial. Estará legitimado para ello cualquier interesado, haya sido o no parte en el contrato, y aún el causante de la nulidad.
3. El contrato nulo no produce efecto alguno. Por ello, los desplazamientos patrimoniales realizados de acuerdo con el contrato nulo deben deshacerse, volviendo las cosas a la situación que tendrían si el contrato nunca se hubiera celebrado.
4. La nulidad es definitiva.

Las **causas de nulidad absoluta** son:

a) Ilegalidad del acto, es decir, que el contrato choque frontalmente con una ley.
b) Falta de consentimiento, de objeto o de causa (art. 1261 C.c.).
c) Indeterminación absoluta del objeto (art. 1273 C.c.) o su ilicitud (arts. 1271, 1272 y 1305 C.c.).
d) Falta de forma, en los casos excepcionales en que viene exigida para la validez del contrato.

En cuanto al ejercicio de la acción de nulidad, compete a cualquier interesado que tenga interés jurídicamente suficiente: por ejemplo, a quienes compran una cosa que su dueño había vendido antes a tercero mediante contrato nulo, pues su derecho (el del comprador o acreedor) depende de la invalidez de esa primera venta. La acción de nulidad ha de dirigirse contra todos los interesados en el contrato, pues de lo contrario podría darse el contrasentido de que el negocio estuviera declarado nulo frente a unos y no frente a otros.

B) La **nulidad relativa,** llamada asimismo *anulabilidad o impugnabilidad,* que permite ejercitar una acción ante los Tribunales para destruir el efecto vinculante del contrato, pero mientras no se ejercite, tal contrato continúa produciendo sus efectos normales.

La anulabilidad es una clase de invalidez dirigida a la protección de un determinado sujeto —por lo general, una de las partes del contrato—, de manera que únicamente él pueda alegarla y, si lo estima conveniente, pueda optar por convalidar el contrato anulable. A ella se refiere el art. 1300 del Código civil.

El contrato anulable es un contrato existente (reúne los requisitos básicos de consentimiento, objeto y causa) y, en principio, obliga a una de las partes, pero no produce su pleno efecto vinculante, al dejar en manos de la otra (la víctima del error, el dolo o las amenazas) la posibilidad de desligarse. O sea: el contrato produce sus efectos habituales, originando las correspondientes obligaciones y sirviendo de fundamento a las atribuciones patrimoniales si, quien puede, no hace valer la causa de anulación. Si se hace valer la causa de la anulación, el contrato será desde siempre y para siempre ineficaz con la misma amplitud que si se tratara de nulidad de pleno derecho.

Las causas de anulabilidad son, principalmente, las señaladas en el art. 1301 del Código civil: vicios del consentimiento, incapacidad o falta de consentimiento del cónyuge de quien contrató cuando este consentimiento fuere necesario.

3. Consecuencias de la invalidez

Cuando un contrato es plenamente inválido o ha sido invalidado a consecuencia del ejercicio de una acción de impugnación, no produce efectos: los contratantes no quedan vinculados, no nacen las obligaciones previstas, y las atribuciones patrimoniales que se hayan podido llevar a cabo en atención al contrato inválido deberán valorarse como producidas sin causa.

Respecto de estas atribuciones patrimoniales sin causa, mediando un contrato inválido, el Código civil establece unas normas específicas. Así, según el art. 1303 del Código civil, *declarada la nulidad de una obliga-*

ción, los contratantes deben restituirse recíprocamente las cosas que hubiesen sido materia del contrato, con sus frutos, y el precio con los intereses.

A esa reciprocidad se refiere el art. 1308 C.c: *Mientras uno de los contratantes no realice la devolución de aquello a que en virtud de la declaración de nulidad esté obligado, no puede el otro ser compelido a cumplir por su parte lo que le incumba.*

Por su parte el art. 1307 C.c, establece que *siempre que el obligado por la declaración de nulidad a la devolución de la cosa, no pueda devolverla por haberse perdido, deberá restituir los frutos percibidos y el valor que tenía la cosa cuando se perdió, con los intereses desde la misma fecha.* Se está haciendo referencia a la pérdida de la cosa en manos del demandado, presuponiendo su mala fe, pues siendo de buena fe no tendría sentido cargarle con la pérdida de la cosa cuando tal pérdida se deba a caso fortuito.

4. La confirmación

La confirmación implica una declaración de voluntad realizada por la parte legitimada para hacerla, en virtud de la cual un contrato (o un negocio en general) afectado de vicios que lo invalidan, se convierte en plenamente válido y eficaz como si nunca hubiera estado afectado por vicio alguno.

De acuerdo con el art. 1310 C.c., *sólo son confirmables los contratos que reúnan los requisitos expresados en el art. 1261*, de lo que hay que deducir que sólo los contratos anulables son susceptibles de confirmación.

Sólo está legitimado para confirmar un contrato anulable aquel de los contratantes a quien corresponde ejercitar la acción de anulación, y no el otro, cuyo consentimiento es innecesario.

La confirmación purifica el contrato de los vicios de que adoleciera desde el momento de su celebración (art. 1313 C.c.), a consecuencia de lo cual la acción para anular el contrato se extingue.

X. LA RESCISIÓN

El Código civil reconoce, en casos excepcionales, la posibilidad de deshacer ciertos contratos válidamente celebrados por cuanto no obstante su validez, producen a una de las partes o a un tercero un perjuicio que la ley considera especialmente injusto, y para el que no hay otro modo legal de obtener su reparación.

Las causas de rescisión son muy pocas, y se hallan enumeradas en el art. 1291 del Código civil: la principal de ellas es el fraude de acreedores.

Consecuencia del triunfo de la acción rescisoria es la *devolución de las cosas que fueron objeto del contrato con sus frutos, y del precio con sus intereses; en consecuencia, sólo podrá llevarse a efecto* (la rescisión) *cuando el que la haya pretendido pueda devolver aquello a que por su parte estuviese obligado* (art. 1295-1).

Tema XVI
CONTRATOS EN PARTICULAR

I. CONTRATO DE COMPRAVENTA

1. Concepto y naturaleza

Entre los negocios de cambio la relación obligatoria más frecuente es la derivada del contrato de compraventa. De acuerdo con el art. 1445 C.c., *por el contrato de compra y venta uno de los contratantes se obliga a entregar una cosa determinada, y el otro, a pagar por ella un precio cierto en dinero o signo que lo represente.*

Por tanto, **el vendedor queda obligado a entregar el objeto siendo acreedor del precio. El comprador está obligado a entregar el precio y es acreedor del objeto.**

La venta se perfecciona y produce sus efectos obligacionales sin necesidad de la entrega de la cosa o el precio: es un contrato puramente consensual. *Así* lo establece el art. 1450 del Código civil, a cuyo tenor *la venta se perfeccionará entre comprador y vendedor, y será obligatoria para ambos, si hubieren convenido en la cosa objeto del contrato y en el precio, aunque ni la una ni el otro se hayan entregado.*

Pero por el mero hecho de comprar, ningún sujeto llega a ser dueño de la cosa comprada: es preciso que se la entregue el vendedor, y sólo entonces adquiere su propiedad.

La entrega de la cosa se puede llevar a cabo de diferentes formas en función de su naturaleza. Así: entrega material en el caso de bienes muebles o entrega de las llaves del lugar donde se hallen almacenados o guardados; otorgamiento de escritura pública para el caso de compraventa de bienes inmuebles.

2. Sujetos. capacidad para comprar y vender

Pueden celebrar el contrato de compraventa todas aquellas personas que tienen capacidad para obligarse; es decir, todas las que pueden consentir válidamente (art. 1457 C.c.).

Sin embargo, como excepción a la regla general, y para evitar maniobras fraudulentas o la sospecha de ellas, se prohíbe a ciertas personas comprar bienes de otras sobre las que tienen autoridad o influencia. Así, a los tutores, los bienes de los pupilos; a los mandatarios y albaceas, los bienes que administran, y lo mismo a los funcionarios públicos; al personal de la Administración de justicia los bienes en litigio ante su tribunal o jurisdicción, etc. (art. 1459 C.c.).

3. Objeto

El objeto vendido ha de reunir los caracteres generales de la prestación: determinación o determinabilidad y lícito comercio.

No es indispensable que la cosa objeto de la venta exista actualmente, pues también se puede contratar sobre cosas futuras: por ejemplo, vender cien motores que todavía no se han fabricado, o bien la próxima cosecha de naranjas cuando los árboles todavía no están en flor.

Sobre el problema de la pérdida de la cosa antes de la venta establece el art. 1460 C.c. que si *al tiempo de celebrarse la venta se hubiese perdido en su totalidad la cosa objeto de la misma, quedará sin efecto el contrato. Pero si* —la cosa— *se hubiese perdido sólo en parte, el comprador podrá optar entre desistir del contrato o reclamar la parte existente, abonando su precio en proporción al total convenido.*

De otra parte, no es preciso que el objeto vendido pertenezca al vendedor al pactarse la venta, pero será necesario que sea de su propiedad en el momento de la entrega del mismo. Así uno puede vender un automóvil o un violín que no tiene, pero que piensa comprar luego o que le va a ser transmitido por sucesión *mortis causa*.

4. El precio

Ha de consistir en «dinero o signo que lo represente», de acuerdo con el art. 1445 del Código civil.

Es esencial a la compraventa que la cosa se cambie precisamente por una *medida de valor* en su condición de tal, en cantidad y tiempo definibles, pues éste es el concepto común del «precio cierto». No se exige, en cambio, para la calificación del contrato como venta, adecuación del precio pactado con el valor real de la cosa, mientras las partes hayan querido realmente comprar y vender, y no ocultar una donación bajo la apariencia de una venta. Por ejemplo, si María vende el violín que encuentra en el desván al precio de chatarra, cuando es una pieza antigua muy valiosa, no hace ninguna donación a quien se lo compra, ni la venta es anulable.

El Código civil contiene, respecto del precio, algunas especificaciones de los requisitos generales establecidos del art. 1445.

Así:

a) Art. 1447 C.c.: *Para que el precio se tenga por cierto bastará que lo sea con referencia a otra cosa cierta, o que se deje su señalamiento al arbitrio de persona determinada. Si ésta no pudiere o no quisiere señalarlo, quedará ineficaz el contrato.*
b) Según el art. 1449 C.c., *el señalamiento del precio no podrá nunca dejarse al arbitrio de uno de los contratantes.*
c) También se tendrá por cierto el precio en la venta de valores, granos, líquidos y demás cosas fungibles cuando se señale el que la cosa vendida tuviera en determinado día, Bolsa o mercado, o se fije un tanto mayor o menor que el precio del día, Bolsa o mercado, con tal que sea cierto (art. 1448 C.c.).

Fuera del ámbito civil, a veces, disposiciones de emergencia —dictadas por razones económicas— fijan un límite máximo a los precios de ciertos artículos o servicios, en cuyo caso, se reduce el precio superior al permitido hasta el límite legal.

5. Obligaciones del vendedor

A. La entrega

Independientemente de la obligación que tenga el vendedor de transferir la propiedad del objeto vendido, en todo caso ha de entregar su posesión.

Según el art. 1468 del Código civil, *el vendedor deberá entregar la cosa vendida en el estado en que se hallaba al perfeccionamiento el contrato.*

Todos los frutos pertenecerán al comprador desde el día en que se perfeccionó el contrato.

En cuanto a los gastos de entrega de la cosa vendida, a tenor del art. 1465 del Código civil, *serán de cuenta del vendedor, y los de su transporte o traslación de cargo del comprador, salvo el caso de estipulación especial.*

Conforme al art. 1469-1 C.c., *la obligación de entregar la cosa vendida comprende la de poner en poder del comprador todo lo que exprese el contrato...* Las reglas que establece este precepto tratan de resolver el problema derivado de las mayores o menores dimensiones de la finca o si es de distinta calidad de la expresada en el contrato. Las soluciones se inspiran en la voluntad presumible de comprador y vendedor y en la equidad, y parten de la distinción entre la venta de una finca hecha «a razón de un precio por unidad de medida o número» (a tantos euros la hectárea o el metro cuadrado), y la hecha «por precio alzado» (vendo la finca por cien mil euros). Si la finca mide menos de las dimensiones (cabida) expresadas en el contrato, en la venta por unidad de medida habrán de pagarse los metros que realmente mide la finca, pero si la venta se hizo por «precio alzado», no procede la disminución o elevación del que se pactó, aunque, mencionada una cabida en el contrato, en la realidad la finca midiera más o menos.

Pero según el art. 1466 del Código civil *el vendedor no estará obligado a entregar la cosa vendida, si el comprador no le ha pagado el precio o no se ha señalado en el contrato un plazo para el pago.*

Y conforme al art. 1467 del Código civil, *tampoco tendrá obligación el vendedor de entregar la cosa vendida cuando se haya convenido en un aplazamiento o término para el pago, si después de la venta se descubre que el comprador es insolvente, de tal suerte que el vendedor corre inminente riesgo de perder el precio. Se exceptúa de esta regla el caso en que el comprador afiance pagar el plazo convenido.*

B. El saneamiento

El vendedor, cuando vende la cosa como suya y libre de cargas, ha de entregarla *sin vicios jurídicos,* o sea, sin que pueda otro reclamar su propiedad o alegar que tiene sobre ella algún otro derecho. Además, si otra cosa no se previno en el contrato, ha de entregarla *sin vicios físicos* desconocidos para el comprador, esto es, en buen estado. En cualquier caso —aun procediendo de buena fe— el vendedor ha de ofrecer garantías al comprador frente a las perturbaciones de la titularidad adquirida y a los defectos con los que éste no hubiera contado ni pudiera razonablemente contar *(saneamiento)*; todo lo cual viene a ser una prolongación del deber de entrega, según refleja asimismo el art. 1461 al enumerar juntos tal deber y el de «saneamiento de la cosa vendida».

Así, conforme al art. 1461 C.c. *el vendedor está obligado al saneamiento de la cosa objeto de la venta.*

Y según el art. 1474 C.c., en virtud del saneamiento a que se refiere el art. 1461, el vendedor responderá al comprador:

1.º De la posesión legal y pacífica de la cosa vendida.

2.º De los vicios o defectos ocultos que tuviere.

Pero el *saneamiento*, en realidad, no sólo procede en la venta y la permuta, sino asimismo en cualquier contrato oneroso con obligación de dar, ya que falla el cumplimiento de la obligación de dar en cualquiera de dichos contratos.

Garantías frente a la evicción. Aunque el art. 1474-1 C.c. obliga a garantizar al comprador *la posesión legal y pacífica de la cosa vendida*, se refiere, en realidad, a cualquier perturbación jurídica actual o previsible de la titularidad adquirida (en cuanto titularidad antecedente), y no a las posibles perturbaciones en la posesión o tenencia de la cosa. Por ejemplo, yo debo garantizar a Juan que soy dueño del automóvil que le vendo, pero no puedo asegurarle que no se lo robe un delincuente.

La protección del art. 1474-1 se refiere, pues, al supuesto de que, reclamando un tercero judicialmente la propiedad u otro derecho sobre la cosa, se dé lugar a la demanda (evicción), quedando entonces el vendedor obligado a indemnizar al comprador de la pérdida sufrida. Así lo establece el art. 1475 C.c., a cuyo tenor *tendrá lugar la evicción cuando se prive al comprador, por sentencia firme y en virtud de un derecho anterior a la compra, de todo o parte de la cosa comprada*, o sea, si otro reivindica la cosa (y gana el pleito). *El vendedor* —continúa el precepto— *responderá de la evicción aunque nada se haya expresado en el contrato.*

Para poder privar al comprador, por sentencia firme, de la propiedad de la cosa que compró, será preciso que quien alegue derechos sobre ella le demande en juicio. Pues bien: en tal caso, si el adquirente demandado quiere conservar su eventual derecho a indemnización frente a quien le transmitió la cosa, habrá de solicitar que se notifique a éste la interposición de la demanda, a fin de que pueda tomar parte en el pleito y defenderse.

Los efectos del saneamiento en caso de evicción se regulan en el art. 1478 C.c., con arreglo al cual, *cuando se haya estipulado el saneamiento o cuando nada se haya pactado sobre este punto, si la evicción se ha realizado, tendrá el comprador derecho a exigir del vendedor:*

1.º La restitución del precio que tuviere la cosa vendida al tiempo de la evicción, ya sea mayor o menor que el de la venta.
2.º Los frutos o rendimientos, si se le hubiere condenado a entregarlos al que le haya vencido en juicio.
3.º Las costas del pleito que haya motivado la evicción y, en su caso, las del seguido con el vendedor para el saneamiento.
4.º Los gastos del contrato, si los hubiere pagado el comprador.
5.º Los daños e intereses y los gastos voluntarios o de puro recreo u ornato, si se vendió de mala fe, y era de buena fe el comprador.

Gravámenes ocultos. Con arreglo al art. 1483-1 C.c., *si la finca vendida estuviese gravada, sin mencionarlo la escritura, con alguna carga o servidumbre no aparente, de tal naturaleza que deba presumirse no la habría adquirido el comprador si la hubiera conocido, podrá pedir la rescisión del contrato, a no ser que prefiera la indemnización correspondiente*. Es esencial, pues, que el comprador, arrendatario, etc., desconozca el gravamen y que éste presumiblemente hubiera impedido la decisión de comprar (no impidiéndola, sólo cabrá pedir indemnización).

Vicios ocultos. La presencia oculta, en el objeto vendido, de defectos desconocidos para el comprador (funcionamiento defectuosos de una máquina por mala calidad de algunas piezas; edificio en aparente buen estado, pero con ruinosa cimentación), implica un tipo de incumplimiento que debe enmendarse incluso resolviendo la operación. Tal es el sentido del art. 1484 C.c., con arreglo al cual *el vendedor estará obligado al saneamiento por los defectos ocultos que tuviere la cosa vendida, si la hacen impropia para el uso a que se la destina, o si disminuyen de* *tal modo este uso que, de haberlos conocido el comprador, no la habría adquirido o habría dado menos precio por ella; pero no será responsable de los defectos manifiestos o que estuvieren a la vista, ni tampoco de los que no lo estén, si el comprador es un perito que, por razón de su oficio o profesión, debía fácilmente conocerlos.*

Según el art. 1486-2 del Código civil, *si el vendedor conocía los vicios o defectos ocultos de la cosa vendida y no los manifestó al comprador* (que los ignoraba), *tendrá éste la misma opción y además se le indemnizará de los daños y perjuicios si optase por la rescisión.*

La indemnización de daños comprenderá, en su caso, el mayor valor que habría adquirido la cosa, y también los daños de todo orden causados por el mal funcionamiento del objeto vendido.

6. La doble venta de la cosa

Si una misma cosa es vendida a varias personas (doble o triple venta) es de aplicación el art. 1473 del Código civil, con arreglo al cual, *si una misma cosa se hubiera vendido a diferentes compradores, la propiedad se transferirá a la persona que primero haya tomado posesión de ella con buena fe, si fuere mueble.*

Si fuere inmueble, la propiedad pertenecerá al adquirente que antes la haya inscrito en el Registro.

Cuando no haya inscripción, pertenecerá la propiedad a quien de buena fe sea primero en la posesión; y, faltando ésta, a quien presente título de fecha más antigua, siempre que haya buena fe.

Para la existencia de la doble venta se requiere que, cuando se perfeccione la segunda venta, la primera no haya sido consumada, pues, en otro caso, hay un supuesto de venta de cosa ajena o de inexistencia de la segunda por falta de objeto.

7. Obligaciones del comprador

La principal de estas obligaciones es el pago del precio. Conforme al art. 1500 del Código civil *el comprador está obligado a pagar el precio de la cosa vendida en el tiempo y lugar fijados por el contrato.*

Si no se hubieren fijado, deberá hacerse el pago en el tiempo y lugar en que se haga la entrega de la cosa vendida.

Añade el art. 1502 C.c. que *si el comprador* —que ignoraba la situación real en el momento de comprar— *fuere perturbado en la posesión o dominio de la cosa adquirida, o tuviere fundado temor de serlo por una acción reivindicatoria o hipotecaria, podrá suspender el pago del precio hasta que el vendedor haya hecho cesar la perturbación o el peligro, a no ser que afiance la devolución del precio en su caso, o se haya estipulado que, no obstante cualquiera contingencia de aquella clase, el comprador estará obligado a verificar el pago.*

Además, según el art. 1503 C.c., *si el vendedor tuviere fundado motivo para temer la pérdida de la cosa inmueble vendida y el precio, podrá promover inmediatamente la resolución de la venta. Si no existiere este motivo, se observará lo dispuesto en el art. 1124.*

Finalmente los arts. 1504 y 1505 C.c., aportan relevantes modificaciones al régimen del 1124. Dicen así:

Art. 1504. *En la venta de bienes inmuebles, aun cuando se hubiera estipulado que por falta de pago del precio en el tiempo convenido tendrá lugar de pleno derecho la resolución del contrato, el comprador podrá pagar, aun después de expirado el termino, ínterin no haya sido requerido judicialmente o por acta notarial. Hecho el requerimiento el Juez no podrá concederle nuevo término. O sea que si se pactó que, no pagado el precio tal día, la venta quedaría resuelta automáticamente, el art. 1504 suspende la eficacia de esta cláusula.*

Art. 1505. *Respecto de los bienes muebles, la resolución de la venta tendrá lugar de pleno derecho, en interés del vendedor, cuando el comprador, antes de vencer el término fijado para la entrega de la cosa, no se haya presentado a recibirla, o, presentándose, no haya ofrecido al mismo tiempo el precio, salvo que para el pago de éste se hubiese pactado mayor dilación.*

8. Pactos y modalidades en la venta

A. La promesa de venta

Según el art. 1451 del Código civil, *la promesa de vender o comprar, habiendo conformidad en la cosa y en el precio, dará derecho a los contratantes para reclamar recíprocamente el cumplimiento del contrato.*

B. El pacto de arras

Las arras se emplean a veces como medio de poder arrepentirse de un contrato ya celebrado: con tal función las contempla el art. 1454 C.c., a cuyo tenor *si hubiesen mediado arras o señal en el contrato de compra y venta, podrá rescindirse el contrato, allanándose el comprador a perderlas, o el vendedor a devolverlas duplicadas.*

No toda entrega anticipada tiene la condición de arras penitenciales sino aquélla que se pacta como tal, presumiéndose en otro caso que la entrega se ha hecho como parte del precio.

C. El pacto de reserva de dominio

En las ventas de objetos cuyo precio no se paga al recibirlos, es frecuente pactar, como condición que suspende el paso de la propiedad de la cosa comprada al adquirente, la reserva de dicha propiedad para el vendedor mientras el precio no esté totalmente satisfecho. O sea: la cosa se entrega al comprador, pero el vendedor sigue siendo dueño de ella. Se trata de una forma de asegurar el cobro, más necesaria en las ventas de bienes muebles, sobre todo antes de la regulación de la hipoteca mobiliaria.

Mientras el comprador no adquiere la propiedad de la cosa, tiene la facultad de usarla y disfrutarla, pero con obligación de mantener su integridad, en lo compatible con el servicio que corrientemente va a prestar. El uso y disfrute, pues, han de ser *normales:* como los de un usufructuario, aproximadamente.

D. Venta en calidad de ensayo

Con arreglo al art. 1453 del Código civil, *la venta hecha a calidad de ensayo o prueba de la cosa vendida, y la venta de las cosas que es costumbre gustar o probar antes de recibirlas, se presumirán hechas siempre bajo condición suspensiva.* Por ejemplo, se pacta que la venta de tal partida de vino o aceite, sólo será eficaz si la mercancía tiene determinadas cualidades; o, la de una máquina, una vez que ésta haya funcionado tres meses sin averías. Observemos que se suspende la perfección de la venta, pero no la entrega de la cosa.

II. CONTRATO DE PERMUTA

La permuta es el trueque o intercambio de cosa por cosa, como la venta lo es de cosa por dinero.

Dada esta semejanza la permuta se rige, en cuanto sean adaptables a ella, por las normas de la venta (art. 1541 del Código civil), salvo un par de extremos que el Código civil regula específicamente (arts. 1539 y 1540).

Se contemplan como casos especiales —entre otros— la llamada permuta forzosa de fincas rústicas y la transferencia de un solar edificable a cambio de pisos o locales en el edificio a construir sobre aquél: contrato, este último, muy corriente, mediante el cual el dueño de un terreno edificable, en lugar de venderlo (a veces es difícil encontrar comprador por un precio conveniente) o de construir él mismo y vender los pisos (para lo cual carece del necesario conocimiento de la construcción y de la venta, y tampoco tiene la organización precisa), conviene con un empresario que construya él y le dé, a cambio del solar, una parte de lo construido: por ejemplo, los bajos comerciales y algún piso. El contrato tiene un aspecto de permuta, pero obsérvese cómo el empresario tiene aquí *obligación de construir,* idénticamente al contrato de obra, y cuyas reglas sobre calidad de la obra o responsabilidad del constructor fácilmente pueden ser también aplicables.

III. CONTRATO DE DONACIÓN

Según el art. 618 del Código civil, *la donación es un acto de liberalidad por el cual una persona dispone gratuitamente de una cosa en favor de otra, que la acepta.*

Este contrato supone un empobrecimiento para el donante sin contrapartida que puede ser perjudicial para los acreedores y familiares de aquél y aun para él mismo, y por eso,

a) Según el art. 1297 del Código civil, la donación pura se considera siempre, cuando el donante no tiene con qué pagar sus deudas, acto en fraude de los derechos de sus acreedores a efectos de la acción pauliana.

b) Igualmente, los legitimarios, cuando no encuentran bienes suficientes para satisfacer su legítima en el caudal de su causante, pueden pedir que se reduzcan las donaciones que éste hizo en vida en perjuicio de sus derechos (art. 654 C.c.).
c) El adquirente por título gratuito, además, se halla menos protegido que él a título oneroso frente a la reivindicación del dueño de los bienes (art. 34 Lh.).
d) Al tratarse de un acto en pura pérdida, la donación requiere capacidad plena: la precisa para disponer. El menor no puede hacer donaciones (salvo las nupciales), y tampoco su representante legal (a excepción de los regalos usuales).

En cambio, como para el donatario la donación pura es un acto inequívocamente beneficioso, no se exige, para aceptarla, otra capacidad que la natural (art. 625 del Código civil; ver también art. 627 del Código civil).

La donación presenta especiales exigencias de forma, tendentes a dar plena certeza al acto y a obligar al donante a una mayor reflexión. Según el art. 630 C.c. *el donatario debe, so pena de nulidad, aceptar la donación por sí, o por medio de persona autorizada con poder especial para el caso, o con poder general y bastante*. Y a tenor del art. 632, la donación *verbal requiere la entrega simultánea de la cosa donada. Faltando este requisito, no surtirá efecto si no se hace por escrito y consta en la misma forma la aceptación*. En cuanto a los inmuebles, la donación debe hacerse en *escritura pública*, siendo en otro caso nula de pleno derecho (art. 633).

IV. CONTRATO DE ARRENDAMIENTO DE COSAS

La superposición de distintas normas concurrentes en el ámbito del Derecho civil español venía provocando que los arrendamientos constituyesen una institución problemática y de difícil entendimiento para los ciudadanos, a veces incluso para los versados en Derecho. La complejidad se acrecentaba por la posición beligerante del Estado en pro de los arrendatarios a quienes protegía, por el mero hecho de serlo, frente a los propietarios, con lo que a medio y largo plazo sólo logró un grave retraimiento en la oferta de bienes para ser explotados mediante arrendamiento y una importante deformación del esquema ordinario del mercado, con todas su consecuencias: escasez y encarecimiento desproporcionados.

1. Concepto y función económica. El «leasing»

Según el art. 1543 del Código civil, *el arrendamiento de cosas es aquel contrato en el cual una de las partes se obliga a dar a la otra el goce o uso de una cosa por tiempo determinado y precio cierto.*

Como se ve, mientras la función económica de un contrato traslativo de propiedad, como los hasta ahora estudiados de venta, permuta y donación es el desplazamiento del dominio pleno de la cosa con todas su facultades, en cambio, en el arriendo, el dueño (o usufructuario) de la cosa conserva el poder de disposición que tuviera sobre ella y atribuye al adquirente (arrendatario) sólo las facultades de goce, que pueden consistir meramente en el uso y posesión de dicha cosa, o también en percibir sus frutos. En esto se distingue, precisamente, el arriendo de fincas rústicas, destinadas ordinariamente a producir frutos, del alquiler de un piso o un local de negocio, cuyo disfrute consiste en usarlos con arreglo a su naturaleza.

El contrato llamado de *leasing* tiene tipicidad propia, lo mismo se aplica a maquinaria industrial que a automóviles: consiste en la cesión, mediante un precio pagado periódicamente, del empleo de una cosa que se deteriora con el uso, de modo que en la merced «arrendaticia» va incluido el importe del deterioro. Además, se pretende que la cesión produzca los efectos de una propiedad temporal, y así el «arrendatario» o tomador de la cosa en *leasing* descarga a la entidad dadora de toda responsabilidad por daños causados por la cosa o su mal funcionamiento, a él o a terceros, y se obliga a asegurar el valor de aquélla quedando la indemnización en favor de la entidad dadora caso de siniestro. El contrato sirve para proporcionar la máquina o el vehículo sin tener que adquirir su propiedad de inmediato: normalmente se concede al tomador un derecho de opción de compra por precio dependiente del tiempo de uso y cantidades pagadas durante el *leasing*.

2. Régimen general del arrendamiento en el Código civil

A. *Sujetos, forma*

El arrendamiento suele presentarse como el arquetipo del acto de simple administración, pero esto sólo es así cuando el plazo durante el cual el dueño se priva de la cosa es reducido: los administradores de bienes ajenos ordinariamente no pueden convenir un arriendo a largo plazo (ver art. 1548 del Código civil).

El contrato de arriendo es válido cualquiera que sea la forma en que se celebre, y el de inmuebles es inscribible en el Registro de la propiedad.

B. Precio y tiempo

El art. 1543 del Código civil incluye en la definición del contrato de arrendamiento los elementos de *precio cierto y tiempo determinado.*

Requiere el arrendamiento un precio: sin él, la cesión del uso asume otra figura. En el Derecho Romano se exigía que el precio fuera en dinero, como en la compraventa, pero la regulación vigente no contiene tal exigencia. En la jurisprudencia hay numerosos supuestos de contraprestación en especie (frutos de la finca, sobre todo).

C. Posición de arrendador y arrendatario

El arrendatario tiene obligación de pagar a su tiempo el precio pactado, y asimismo de *usar de la cosa arrendada como un diligente padre de familia, destinándola al uso pactado; y, en defecto de pacto, al que se infiera de la naturaleza de la cosa arrendada según la costumbre de la tierra* (art. 1555 C.c.). Al acabar el plazo *el arrendatario debe devolver la finca... tal como la recibió, salvo lo que hubiese perecido o se hubiera menoscabado por el tiempo o por causa inevitable* (art. 1561 C.c.).

El arrendador, por su parte, está obligado a *hacer* en la cosa, *durante el arrendamiento, todas las reparaciones necesarias a fin de conservarla en estado de servir para el uso a que ha sido destinada; y asimismo a mantener al arrendatario en el goce pacífico del arrendamiento por todo el tiempo del contrato* (art. 1554 C.c.).

D. Extinción

El arriendo se extingue, entre otras causas, por cumplimiento del plazo por el que se pactó, pero si *al terminar el contrato permanece el arrendatario disfrutando quince días de la cosa arrendada con aquiescencia del arrendador, se entiende que hay tácita reconducción* (art. 1566 C.c.), o sea un nuevo arrendamiento en iguales condiciones, salvo en cuanto al plazo, que será el de una cosecha en las fincas rústicas (art. 1577 del Código civil), y, en las urbanas, un año, mes o día, según el pago de la merced se haya fijado por uno de esos períodos de tiempo (art. 1581 del Código civil).

V. CONTRATO DE PRÉSTAMO

Con arreglo al art. 1740-1 del Código civil, *por el contrato de préstamo, una de las partes entrega a la otra, o alguna cosa no fungible para que use de ella por cierto tiempo y se la devuelva, en cuyo caso se llama comodato, o dinero u otra cosa fungible, con condición de devolver otro tanto de la misma especie y calidad, en cuyo caso conserva simplemente el nombre de préstamo.* El préstamo mutuo, constituye una de las bases del tráfico.

Según el art. 1753, *el que recibe en préstamo dinero u otra cosa fungible, adquiere su propiedad, y está obligado a devolver al acreedor otro tanto de la misma especie y calidad.*

El préstamo mutuo supone la transmisión de la propiedad de la cosa mutuada: por tanto el que presta debe estar facultado para esta transferencia: porque es dueño del dinero, o porque tiene un específico mandato del dueño para prestar, etc. Por los especiales riesgos que el contrato entraña se requiere, para pactarlo en calidad de prestatario (para tomar dinero a préstamo), la capacidad más plena, no bastando la del menor emancipado.

El préstamo mutuo es mercantil cuando una de las partes es comerciante y el importe se invierte en operaciones mercantiles.

El *simple* préstamo (préstamo mutuo) *puede ser gratuito o con pacto de pagar interés* (art. 1740-3). El interés parece que debe consistir precisamente en una fracción del género prestado, por unidad de tiempo de duración del préstamo.

Según el art. 1755 C.c., *no se deberán intereses sino cuando expresamente se hubiesen pactado.*

VI. CONTRATO DE OBRA

1. Concepto

Según el art. 1544 del Código civil, *en el arrendamiento de obras o servicios, una de las partes se obliga a ejecutar una obra o a prestar a la otra un servicio por precio cierto.*

La distinción entre estos dos contratos impropiamente llamados de *arrendamiento* consiste en que en el contrato de servicio las partes pretenden obtener, simplemente, que otra persona desarrolle cierta actividad, mientras en el de obra persiguen, no estrictamente esa actividad ajena, sino su resultado. Quien asume la obra (contratista) promete a la contraparte un resultado, que consiste inicialmente en un acto de producción del cual él asume el riesgo; por ejemplo, la construcción de un edificio.

El contrato de obra abarca no sólo las construcciones importantes, ni tampoco las materiales, sino cualquier resultado del trabajo. Por ejemplo, un pintor se compromete a pintar un cuadro, o las paredes de una vivienda; un comediógrafo a escribir el libreto de una comedia musical o un músico una partitura.

El contrato se celebra entre el *dueño de la obra,* o sea, quien la encarga, y el *contratista* que se compromete a producir y comunicar el resultado pretendido por el dueño.

2. La obra

El contratista se obliga a ejecutar la obra con la diligencia y la pericia exigible en su profesión o dedicación, y en su caso a custodiar y conservar los materiales recibidos del dueño o la cosa ajena sobre la que debe operar.

En general, en la construcción de inmuebles, obras públicas y otros trabajos importantes el contrato suele venir acompañado de un presupuesto detallado con expresión de los volúmenes de obra a realizar y precios unitarios y de un diseño o proyecto, que permite valorar y fijar sus modalidades.

La obra se realiza a riesgo del contratista, de modo que si antes de entregarse aquélla se destruye o pierde sin culpa suya, es dicho contratista quien soporta la pérdida y el dueño no tiene que pagarle el precio. Por su parte el dueño pierde, en tal caso, los materiales que hubiera entregado para la obra. Pero cuando la pérdida se produce mediando culpa de uno de los contratantes o morosidad del dueño en recibir la obra, el culpable o moroso debe pagar a la otra parte el valor de lo puesto por ella e indemnizarle de los perjuicios (arts. 1589 y 1590 del Código civil).

El contratista es responsable de la solidez y perfección de la obra entregada, en diversa medida según la clase de obra. En particular, para el edificio que se arruina por vicios de construcción, dispone el art. 1591 del Código civil que el contratista *responde de los daños y perjuicios si la ruina tuviere lugar dentro de diez años, contados desde que concluyó la construcción; igual responsabilidad, y por el mismo tiempo, tendrá el arquitecto que lo dirigiere, si se debe la ruina a vicio del suelo o de la dirección. Si la causa fuere la falta del contratista a las condiciones del contrato, la acción de indemnización durará quince años.*

3. El precio

El art. 1544 del Código civil requiere que el precio de la obra sea cierto, pero no es indispensable que se concrete de antemano en una cantidad fija, bastando, en ocasiones, que su determinación pueda llevarse a efecto con posterioridad por los propios interesados o un tercero, o a través de tasación judicial emitida en atención al coste de los materiales invertidos y mano de obra utilizada.

En la práctica es frecuente para los trabajos de escasa importancia, que el cliente no reclame un presupuesto; confía en la buena fe del contratista, generalmente un artesano, sin perjuicio de recurrir a los tribunales si el importe de la factura excede de lo usual y previsible, aunque lo deseable es la exigencia de presupuesto en todos los casos.

Para establecer anticipadamente el precio de la obra pueden seguirse diversas modalidades: señalar un tanto alzado para la totalidad del trabajo (obras por ajuste o precio alzado), asumiendo el contratista los riesgos de la operación y lucrándose de sus ventajas si resulta menos costosa de lo previsto; o pactar el pago de materiales y jornales a precio corriente por el dueño de la obra, más un porcentaje de beneficio industrial como retribución del contratista; o pagar un tanto por hora de mano de obra o por unidad de peso del material aplicado, etc.; o bien convenir el precio *por piezas* o a tanto la unidad de medida. En relación con este último modo de fijación del precio dispone el art. 1592 del Código civil que *el que se obliga a hacer una obra por piezas o por medida, puede exigir del dueño que la reciba por partes y que la pague en proporción. Se presume aprobada y recibida la parte satisfecha.*

El contratista no puede pedir aumento de precio, aunque se eleve el de los materiales o los salarios (art. 1593 del Código civil), si no se ha pactado una cláusula de revisión. Con todo, en los contratos administrativos de obra, la revisión se incluye habitualmente en los de alguna duración con arreglo a índices que publica la propia Administración.

4. Extinción del contrato

Es característica del contrato de obra la posibilidad del dueño de desistir él *por su sola voluntad, de la construcción de la obra aunque se haya empezado, indemnizando al contratista de todos sus gastos, trabajo y utilidad que pudiera obtener de ella.* Este derecho de arrepentimiento se concede a fin de evitar al dueño, o bien cargas que acaso no podría soportar (por haber cambiado las circunstancias, o resultar la obra más gravosa de lo previsto, etc.), o bien recibir una obra que ha dejado de serle útil o conveniente (art. 1594 del Código civil).

VII. CONTRATO DE SERVICIOS

El Código civil no regula genéricamente el contrato de servicios, sino sólo, en muy pocos preceptos hoy sin vigencia o de muy limitada aplicación, el servicio de criados y trabajadores asalariados. Este vacío del Código civil ha sido colmado por la legislación laboral, mientras persiste en relación con los servicios no laborales.

1. Contrato de trabajo

Las condiciones del trabajo asalariado suelen ser objeto de negociación colectiva, y los resultados de esta negociación, es decir, los convenios colectivos, regulan luego el contrato individual de trabajo tras las leyes y reglamentos y con preferencia a la voluntad de las partes y los usos y costumbres locales y profesionales. Ley fundamental al respecto es el Estatuto de los trabajadores de 10 marzo 1980, aplicable a quienes «voluntariamente presten sus servicios retribuidos por cuenta ajena y dentro del ámbito de organización y dirección de otra persona física o jurídica denominada empleador o empresario» (art. 1).

2. Servicios no laborales

Fuera de la disciplina del contrato de trabajo los servicios (no laborales) de profesionales, artistas, empleados de cualquier clase, artesanos no incluidos en la legislación laboral, etc., se regulan por la costumbre, la naturaleza de las cosas, las reglas generales del contrato y el art. 1544 del Código civil.

Los servicios liberales se caracterizan por la confianza del cliente en la pericia del profesional y la libertad de éste en cuanto a la forma de conseguir el resultado perseguido (aunque no contratado): el profesional, en principio, trabaja bajo su propia dirección y sin someterse al criterio del que encarga los servicios, siquiera éstos se presten en provecho del cliente.

Tema XVII
EL MATRIMONIO Y SU ECONOMÍA

I. EL MATRIMONIO

1. El contrato y el vínculo

Es matrimonio la unión estable entre hombre y mujer, legalmente convenida, regulada y ordenada a la creación de una familia.

Son caracteres del matrimonio según la concepción corriente en los países civilizados:

a) Constituir un vínculo habitual, con vocación de permanencia, dirigido, en su finalidad propia, a la convivencia y colaboración de los cónyuges en un hogar, formando una familia en cuyo seno nacerán y se criarán los hijos si los hubiere; y
b) Resultar de un contrato celebrado en un concreto momento: la boda. Este acto se halla regulado por la ley como creador exclusivo del vínculo reconocido por el Estado.

Hay en la disciplina del matrimonio, un doble aspecto: el de la celebración como *acto* (intercambio de consentimientos en forma legal) por causa del cual nace el *estado* de cónyuge; y el del *estado* civil creado, situación de duración indefinida producida por la manifestación de tal voluntad.

2. El sistema matrimonial español

La Constitución, en su art. 32 dispone así:

1. *El hombre y la mujer tienen derecho a contraer matrimonio con plena igualdad jurídica.*
2. *La ley regulará las formas de matrimonio, la edad y la capacidad para contraerlo, los derechos y deberes de los cónyuges, las causas de separación y disolución y sus efectos.*

El segundo párrafo se dirige a delimitar la competencia del Estado frente a cualquier otro poder (La Iglesia Católica, en el pensamiento del legislador), en materia de disciplina del matrimonio.

El art. 32-2.º sólo se puede y debe entender en relación con su circunstancia: con la discusión entonces palpitante sobre las respectivas competencias de Estado e Iglesia Católica en materia de legislación sobre el matrimonio, y ulteriormente de jurisdicción: de quién juzga y sentencia en los procesos de nulidad matrimonial, y también en los de separación. Así, actualmente, **el Estado reconoce los efectos civiles al matrimonio celebrado según las normas del Derecho Canónico.**

Los efectos civiles del matrimonio canónico se producen desde su celebración. Para el pleno reconocimiento de los mismos será necesaria la inscripción en el Registro Civil, que se practicará con la simple presentación de certificación eclesiástica de la existencia del matrimonio.

El matrimonio requiere aptitud nupcial absoluta y relativa, cada contrayente debe ser apto para casarse, y debe poder casarse con la otra parte. En el primer aspecto exige el Código (art. 46) estar emancipado y tener libertad para casarse. La exigencia de edad puede dispensarse al que tenga catorce años (art. 48). En el segundo aspecto es impedimento u obstáculo a la celebración de un matrimonio el próximo parentesco entre los contrayentes: que el novio y la novia sean padre e hija, o nieta y abuelo, o hermanos, o parientes en tercer grado (tío o tía con sobrino o sobrina, hijos de su hermano), siendo dispensable este último impedimento.

A fin de acreditar que reúnen las condiciones para el matrimonio los contrayentes deben instar ante el párroco o el Juzgado de uno de ellos la formación del correspondiente expediente, en el curso del cual se publica su intención de casarse.

El matrimonio canónico se celebra ante el párroco del lugar (o persona en quien aquél delegue), y por lo menos, dos testigos.

El matrimonio civil se autoriza por el Juez encargado del Registro Civil del domicilio de cualquiera de los contrayentes, en presencia de dos testigos mayores de edad; en los municipios donde no resida dicho Juez, en presencia del alcalde o el delegado designado reglamentariamente (arts. 52 y 57 C.c.). Es nulo el matrimonio contraído sin intervención del autorizante o los testigos.

Lo fundamental de la celebración del matrimonio es la manifestación del recíproco consentimiento de los contrayentes.

3. Las relaciones personales entre cónyuges. Los deberes recíprocos

El matrimonio hace surgir entre los cónyuges un tejido de derechos y deberes recíprocos. Lo único exigible es que ambos sean iguales ante la ley, y esto es lo que hace el art. 31 de la Constitución, al establecer entre los cónyuges la "plena igualdad de derechos y deberes", como un corolario del principio de equiparación de sexos del art. 14 de la misma, y como un programa que habrá de ser respetado por el legislador ulterior.

Los derechos y deberes establecidos por la Ley para los cónyuges en sus relaciones personales son idénticos; ambos *deben respetarse y ayudarse mutuamente* (art. 67), y *están obligados a vivir juntos, guardarse fidelidad y socorrerse mutuamente* (art. 68).

II. ORGANIZACIÓN ECONÓMICA DE LA SOCIEDAD CONYUGAL

1. Concepto de régimen matrimonial

Dado que el matrimonio es, en sí, una asociación de personas, podría imaginarse un ordenamiento que no contuviera reglas especiales para las relaciones económicas entre los cónyuges como tales, abandonadas entonces a la regulación general de las obligaciones y los derechos sobre las cosas.

El matrimonio, desde el momento que supone la unión de dos personas para realizar un fin común específico, sin duda extrapatrimonial, pero de gran proyección material y pecuniaria, exige a su vez una regulación específica de los medios económicos que sirven a tal fin.

Así:

a) Esta regulación versa, al menos, sobre lo que es inevitable en un matrimonio: el soporte económico del hogar y la familia toda. La vida en común de los cónyuges supone una serie de gastos: atenciones personales suyas y, en su caso, de los hijos (alimentación, educación, crianza, establecimiento); atenciones de personas frente a las cuales están obligados los cónyuges; actividades comunes que ocasionan dispendios que no deben ser soportados sólo por uno de ellos. Es conveniente determinar, al menos, cómo ha de acudirse a estos gastos, y quién debe soportarlos (problema de la contribución a las cargas del matrimonio), determinación que constituye el elemento mínimo necesario de las relaciones conyugales y la raíz del régimen matrimonial.
b) Pero el problema de la contribución a las cargas conyugales no es el único que plantea el matrimonio. La familia no es, de ordinario, una simple cooperativa de consumo de cosas y servicios ajenos; juegan en ella importante papel los servicios, realmente invaluables en su conjunto, que cada cónyuge aporta, en la medida de sus fuerzas, a la vida del hogar y la familia. Determinar cuál sea ésta contribución, sus consecuencias y en qué forma ha de tenerse y percibirse conforma uno de los temas del Derecho matrimonial patrimonial.

Un régimen matrimonial, es un conjunto coherente de soluciones. Es la respuesta del Derecho ante una serie de intereses y cuestiones de orden patrimonial a los que ha dado nacimiento el matrimonio y a los cuales es preciso dotar de una normativa.

2. Las capitulaciones matrimoniales

El Código civil, que reconoce a los futuros esposos o a los cónyuges el derecho a estructurar por sí mismos su régimen matrimonial, previene para ellos, si no lo hacen, un régimen estándar. Tal es el sentido del art. 1316: *a falta de capitulaciones o cuando éstas sean ineficaces el régimen será el de la sociedad de gananciales.*

De aquí se pueda afirmar para nuestro sistema que **no existe matrimonio sin régimen matrimonial**. Si éstos no lo acuerdan por sí, actúa la ley, imponiéndoles el modelo legal.

Celebrado el matrimonio, el régimen matrimonial le sigue como la sombra al cuerpo, y los capítulos matrimoniales sirven sólo para eliminar determinaciones legales, sustituyéndolas por otras voluntarias. En lugar del régimen de gananciales se conviene, por ejemplo, uno de separación absoluta.

Los capítulos matrimoniales se otorgan entre futuros esposos o los actuales cónyuges, para prevenir un régimen distinto del legal o convencional para su futuro matrimonio o para cambiar la economía del mismo.

Son un pacto precisamente entre novios o cónyuges, si bien pueden concurrir a él otras personas, cuya presencia no es esencial, pero sí admitida

La capitulación, en cuanto a los novios o cónyuges, es un acto personalísimo: si bien ningún precepto lo declara expresamente, ello se deduce del hecho de concederse al menor capacidad para otorgar por sí los capítulos, asistido, pero no sustituido, por su representante legal (art. 1329 C.c.), y lo mismo al incapacitado (art. 1330 C.c.).

Para su validez, las capitulaciones habrán de constar en escritura pública (art. 1327 C.c.).

Los capítulos son matrimoniales; es decir, el matrimonio juega, en la producción de sus efectos, un papel esencial (art.1334 Cc).

El otorgamiento de los capítulos y su modificación ha de hacerse constar en el Registro Civil, el cual da cuenta entonces de los datos precisos para localizar el documento, pero no del contenido de éste. Los capítulos de los que no dé cuenta el Registro, no se podrán alegar en perjuicio de quien ha contratado en la suposición de que el régimen de bienes del matrimonio era el legal, o el de unos capítulos anteriores.

3. Disposiciones Generales de los regímenes económicos del matrimonio

Con esta denominación se conocen, en nuestro Derecho, a partir de 1981, una serie de normas, aplicables a cualquier régimen económico matrimonial (separación, participación, gananciales u otro pactado) y de obligado cumplimiento para los cónyuges. Estas normas aparecen contenidas en los artículos 1315 a 1324 del Código civil, y en síntesis son:

a) Posibilidad de que los cónyuges otorguen capitulaciones matrimoniales, que en definitiva es un contrato entre ellos antes o durante el matrimonio, con los efectos ya vistos.

b) Posibilidad de que los cónyuges celebren entre sí cualquier clase de contratos, y se transmitan bienes y derechos (art. 1323 C.c.).

c) Potestad doméstica. Bajo esta denominación se contempla la facultad, atribuida a ambos cónyuges, o a cualquiera de ellos, de realizar los actos encaminados a atender las necesidades ordinarias de la familia, conforme al uso del lugar y a las circunstancias de la misma.

El poder que se concede a cada cónyuge (art. 1319 del C.c.) es indisponible, de tal manera que ninguno puede ser privado por su consorte de la potestad doméstica, ni renunciar a la propia. Esto es particularmente importante desde el punto de vista de los terceros, que no tienen por qué conocer los posibles acuerdos de los cónyuges y se fían sólo de la existencia de un matrimonio.

d) Consentimiento dual. *Cuando la Ley requiera para un acto de administración o disposición que uno de los cónyuges actúe con el consentimiento del otro, los actos realizados por uno de ellos sin contar con ese consentimiento podrán ser anulados* (art. 1322 C.c.).

Se tratará de administración o disposición de bienes comunes —no de los privativos de cada cónyuge— siendo de igual rango la manifestación de voluntad de ambos cónyuges, y exigibles las dos para la perfección del negocio de que se trate.

e) Conservación del hogar familiar y los muebles. Para disponer de los derechos sobre la vivienda habitual de la familia y los muebles de uso ordinario de la misma se requiere el consentimiento de ambos cónyuges o, en su defecto, autorización judicial (art. 1320 C.c.).

Este consentimiento de ambos es imprescindible aunque la vivienda o los muebles pertenezcan a uno solo de los cónyuges.

f) Derecho de predetracción del cónyuge supérstite. *Fallecido uno de los cónyuges, las ropas, el mobiliario y enseres que constituyen el ajuar de la vivienda habitual común de los esposos se entregarán al que sobreviva, sin computárselo en su haber. No se entienden comprendidos en el ajuar las alhajas y los objetos artísticos, y otros de extraordinario valor* (art. 1321 C.c.).

g) *Litis expensas*. Con esta denominación se conoce el derecho que tiene un cónyuge para que, cuando sostenga un litigio contra el otro cónyuge, —sin mediar mala fe o temeridad— o contra terceros —si redunda en provecho de la familia— los gastos necesarios causados en ese litigio sean de cargo del caudal común y faltando éste, se sufraguen a costa de los bienes propios del otro cónyuge, cuando la posición económica de éste impida al litigante la obtención del beneficio de justicia gratuita (art. 1318, párr. 2º C.c.).

4. Los diferentes regímenes económicos del matrimonio

Las diversas fórmulas que se ofrecen a los cónyuges para regular las cuestiones económicas de su matrimonio suelen dividirse, desde un punto de vista teórico, en dos grupos, según ambos cónyuges compartan o no los bienes de cada uno.

Se habla así, tradicionalmente, de **"regímenes de comunidad"** y **"regímenes de separación"**. En época reciente se va introduciendo en las legislaciones un tercer grupo de regímenes: el llamado **"de participación en las ganancias"**.

En los regímenes de comunidad la colaboración entre los cónyuges se traduce en una masa de bienes propia de ambos.

El sistema de puesta en común de las ganancias de ambos cónyuges se halla muy extendido, y todavía responde a la realidad económica y social de nuestro tiempo, aunque cada vez menos.

Tema XVIII
LA SUCESIÓN MORTIS CAUSA

I. LA SUCESIÓN *MORTIS CAUSA*

1. Concepto

En sentido gramatical, suceder es colocarse una persona en lugar de otra, sustituyéndola. En sentido jurídico: sustitución de una persona en los derechos y deberes de otra. Cuando este cambio de sujetos tiene lugar por el fallecimiento de la persona sustituida, se da la **sucesión *mortis causa*.**

No todos los derechos de una persona pueden ser sustituidos: los que tiene como tal individuo y gran parte de los de familia son intransmisibles; por el contrario, los derechos y deberes de contenido patrimonial si lo son y es necesario que lo sean, por exigencia de la vida económica y social.

> **Sucesión *mortis causa* es la sustitución de una persona, en sus derechos y deberes transmisibles, por otra u otras, por causa de fallecimiento. Ello implica el cambio de sujeto en una serie de relaciones de derecho, sin que se modifiquen. En todas aquellas en que sea titular el fallecido y no tengan carácter personalísimo.**

La sucesión comprende, pues, todos los bienes, derechos, cargas, deudas y obligaciones que se transmiten por causa de muerte. Es tan imperioso el respeto impuesto a las obligaciones del fallecido, incluidas la responsabilidad económica derivada de delito.

La sucesión a causa de muerte es, así, no simplemente una adquisición de cosas por el sobreviviente, sino un fenómeno complejo de sustitución del difunto por alguien que se hace cargo de sus relaciones y haberes: que gobierna los bienes, cobra los créditos; pero también liquida la sucesión, paga las deudas, entrega los legados, y tiene la responsabilidad, a estos efectos, de conservar el patrimonio del difunto, es decir, para que puedan hacer efectivos sus derechos quienes tengan alguno sobre él.

II. HERENCIA, HEREDERO Y LEGATARIO

1. Herencia

La herencia representa la suma de derechos y deberes que por la muerte de una persona se requiere transmitir a los sucesores.

La palabra *herencia se emplea también* en acepción más restringida y de carácter puramente *económico*. En este sentido, la herencia es el conjunto de bienes que integran el activo patrimonial del sujeto fallecido. La misma significación tienen expresiones similares que se encuentran en nuestros textos legales: «masa hereditaria», «bienes hereditarios», «haber y caudal hereditario».

En este orden, la herencia es el remanente que queda de los bienes y derechos apreciables en cantidad o cifra, después de pagadas las deudas del finado.

2. Heredero y legatario

Heredero es el sujeto que va a suceder al fallecido, tanto en los bienes y derechos (activo patrimonial) como en las deudas (pasivo patrimonial) o cargas de la herencia.

Junto al nombramiento de heredero, el testador puede disponer que determinados bienes o grupos de bienes se atribuyan, como una especie de regalo o donativo, a ciertas personas. A esto se le llama sucesión a título particular.

Quien sucede a título particular recibe el nombre de legatario.

Las diferencias que separan la condición del heredero y la del legatario son las siguientes:

1ª. La fundamental de que el heredero es sucesor de la universalidad de las relaciones jurídicas (patrimonio) del difunto, o de una cuota de ese conjunto, mientras que el legatario es sucesor en bienes o derechos determinados de un modo concreto; y

2ª. Derivada de la anterior. El heredero sucede en los derechos y en las obligaciones, mientras que el legatario sólo sucede en la parte *activa del patrimonio a que se le llama.*

En el sistema sucesorio español una persona puede ser llamada a la herencia en virtud de testamento o contrato sucesorio, o bien por la ley, a falta de voluntad expresada válidamente por el causante.

La sucesión se defiere por la voluntad del hombre manifestada en testamento y, a falta de éste, por disposición de la ley. La primera se llama testamentaria, y la segunda legítima. Podrá también deferirse en una parte por voluntad del hombre, y en otra por disposición de la ley. (art. 658 Cc)

3. Llamamiento a la herencia

El llamado a la herencia adquiere su derecho en el momento mismo de fallecer el causante, de modo que desde entonces puede aceptarla, y si fallece *sin aceptar ni repudiar la herencia, pasará a sus herederos el mismo derecho que él tenía* (art. 1006 C.c.). O sea, que si bien el «derecho sobre la herencia» no lo tiene el llamado sino desde que acepta, el «derecho a la herencia», esto es el derecho a aceptarla y ser heredero, lo recibe el llamado desde el primer momento, y no lo pierde aunque fallezca sin aceptar, sino que lo transmite a sus propios sucesores (derecho de transmisión).

4. Aceptación de la herencia

Según el art. 998 C.c. *la herencia podrá ser aceptada pura y simplemente, o a beneficio de inventario*. La aceptación pura y simple significa que el heredero acepta la herencia sin limitación de responsabilidad: es decir, si en la herencia no hay activo bastante para pagar las deudas y cargas, las pagará el heredero con su propio patrimonio.

Y con arreglo al Art. 999 del C.c., *la **aceptación pura y simple** puede ser expresa o tácita* (cabe, pues, aceptar sin palabras ni documentos destinados a tal propósito: por actos que manifiesten la voluntad de ser heredero o que sólo el heredero podría realizar).

En el momento en que el llamado acepta la herencia, adquiere la condición de heredero; en cuanto tal, en aquel mismo momento, recibe todas las relaciones jurídicas transmisibles del causante mediante sucesión universal.

La **aceptación a beneficio de inventario** (arts. 1010 y sig. Cc.) significa que al aceptar la herencia el heredero no asume las deudas del difunto, sino hasta donde alcance el patrimonio hereditario, permaneciendo su patrimonio separado e indemne frente a reclamaciones de los acreedores del causante.

Pero el beneficio no es, en realidad, una forma específica de aceptar la herencia, sino una modalidad de limitación de la responsabilidad del heredero que puede solicitarse, dentro de ciertos plazos, después de haberla aceptado.

Si bien para limitar la responsabilidad del heredero no basta con hacer una manifestación en este sentido, sino que esta manifestación ha de ser formal; *ante notario, o por escrito ante cualquiera de los Jueces que sean competentes para prevenir el juicio de testamentaría o abintestato* (art. 1011 C.c.). Además, si el heredero tiene en su poder bienes de la herencia, o si algún interesado le interpela para que acepte o repudie, ha de hacer esta manifestación en los plazos, muy breves, que señalan los arts. 1014 y 1015.

Finalmente, es esencial para conservar el beneficio de inventario que la herencia se mantenga separada del patrimonio del heredero: que no se mezclen y confundan los bienes de uno y otro, pues entonces ya no se podrían destinar exclusivamente los de la herencia al pago de las deudas del causante.

El **beneficio de inventario** produce en favor del heredero los **efectos** siguientes:

1. El **heredero no queda obligado a pagar las deudas** y demás cargas de la herencia sino hasta donde alcancen los bienes de la misma.
2. Conserva contra el caudal hereditario todos los derechos y acciones que tuviera contra el difunto.
3. No se confunden, para ningún efecto, en daño del heredero, sus bienes particulares con los que pertenezcan a la herencia.

Con arreglo al art. 1003 del C.c., *por la aceptación pura y simple, o sin beneficio de inventario, quedará el heredero responsable de todas las cargas de la herencia, no sólo con los bienes de ésta, sino también con los suyos propios*. Recuérdese que el heredero aceptante puede limitar su responsabilidad mientras tenga oportunidad de pedir el beneficio de inventario. Así, la aceptación pura y simple puede no ser definitiva, si no ha agotado los plazos para limitar su responsabilidad.

La responsabilidad ilimitada sólo es definitiva cuando el heredero pierde la oportunidad de solicitarlo. Desde entonces su patrimonio está sometido a la agresión de los acreedores del caudal, y responde con todos sus bienes por cualesquiera deudas, sean contractuales, delictuales o de otro origen, en tanto en cuanto sean transmisibles. Es indiferente que haya un solo heredero o varios: basta que sea realmente heredero, y no un sucesor a título particular (legatario).

Habiendo beneficio de inventario, *el heredero no queda obligado a pagar las deudas y demás cargas de la herencia sino hasta donde alcancen los bienes de la misma* (art. 1023-1.º). De este precepto y de otros del C.c. (arts. 1023-3.º y 1029 a 1032 Cc.), se deduce que mientras no se pierda el beneficio de inventario y hasta que termine el período de liquidación de la herencia, el heredero responde de las deudas hereditarias *con los bienes* de la herencia, y sólo con ellos, sin que los acreedores del difunto le puedan embargar sus propios bienes.

Aun cuando el heredero haya aceptado pura y simplemente, y no pueda ya pedir el beneficio de inventario, es regla general de toda liquidación de la herencia que, en relación al caudal hereditario, los acreedores del caudal preceden a los legatarios, y éstos a los acreedores del heredero. Es ésta una consecuencia ineludible de la separación, entre el patrimonio del sucesor y el del causante, cualquiera que sea la «clase de aceptación»: el activo hereditario se halla reservado, en principio, a los propios acreedores de éste, y si algo queda, a los legatarios.

De tal manera que los acreedores que tenían garantizados sus créditos por el patrimonio del causante, deben seguir teniéndolos después de la muerte de éste, y ser preferidos a los legatarios (que a fin de cuentas, reciben un regalo del causante) y éstos, a su vez, a los acreedores del heredero, quienes sólo pueden intentar el cobro de sus deudas una vez satisfechos los legados.

Para defender su preferencia, los acreedores del caudal y en su caso los legatarios, pueden interponer «tercería de mejor derecho», frente a los que intentan embargar los bienes al amparo de un crédito de grado inferior al suyo.

Para la liquidación de la herencia aceptada a beneficio de inventario, establece el art. 1026 del C.c. que *hasta que resulten pagados todos los acreedores conocidos y los legatarios, se entenderá que se halla la herencia en administración. El administrador, ya lo sea el mismo heredero, ya cualquiera otra persona, tendrá, en ese concepto, la representación de la herencia para ejercitar las acciones que a ésta competan y contestar a las demandas que se interpongan contra la misma.*

5. La comunidad hereditaria

Cuando el causante instituye herederos por cuotas a determinados sujetos, surge entre ellos una comunidad hereditaria sobre los bienes del causante.

En esta comunidad de herederos los bienes forman una masa patrimonial autónoma que viene administrada conforme a las normas del Código Civil sobre el condominio: los coherederos tienen una cuota sobre el conjunto de los bienes hereditarios, pero no sobre cada uno de los bienes singulares; y, por tanto, el coheredero aislado no puede vender, permutar, donar, etc., durante la indivisión, porción indivisa en bienes singulares de la herencia. Si bien el heredero de cuota no puede vender la mitad de una finca de la herencia alegando que es heredero por mitad. Lo que sí puede enajenar es su cuota en la entera herencia, teniendo entonces sus coherederos el derecho de retracto sobre la participación vendida (art. 1067 del C.c.).

La comunidad hereditaria acaba, como toda situación de comunidad, por la división de su activo. Pero tal división presenta, en este caso concreto, particulares dificultades, porque no se trata sólo de partir un objeto singular, sino un conjunto de bienes; porque primero es preciso pagar deudas y legados; y, finalmente porque con frecuencia los partícipes en la herencia son familiares del difunto, con derecho a legítima.

6. Modos de llevar a cabo la partición de la herencia

A.- El más evidente es el **acuerdo entre los interesados:** la partición mediante contrato entre ellos, que requiere, por tanto, la unanimidad. La forma de partición contractual es libre: puede hacerse en documento privado, y aun verbalmente, aunque esto último sea desaconsejable, dadas las dificultades para probar después determinados acuerdos.

B.- Es frecuente también la **partición** que cabe llamar **arbitral,** y a la que alude el art. 1057 C.c. A este «árbitro» ha tenido que designarle el causante en su testamento.

A este "árbitro" o "comisario" se le denomina habitualmente contador-partidor, cuya misión fundamental es la división del caudal y la adjudicación de los bienes a los coherederos. Puede este mismo asumir también las funciones de albacea, si así lo ha dispuesto el testador.

C.- De otra parte y conforme al art. 1059 del C.c., si hay una **pluralidad de sucesores** que representen al menos el cinco por ciento del haber hereditario pueden **solicitar del Juez el nombramiento de un contador-partidor,** cuya partición una vez aprobada judicialmente tiene fuerza vinculante.

Si los coherederos no se pusieren de acuerdo sobre el modo de hacer la partición, cualquiera de ellos puede solicitar del juez su realización, instando juicio de testamentaría o abintestato (art. 1059 C.c.).

7. Operaciones de partición de la herencia

El Código civil no dice cuál es el camino que se sigue para dividir la comunidad de herederos, pero la Ley de Enjuiciamiento Civil de una parte, y la práctica tradicional de otra, han llegado a fijar un proceso operativo uniforme en toda partición: unas reglas según las cuales un cuaderno particional, tras la natural exposición de antecedentes, comprende, como operaciones particionales propiamente dichas, y según la enumeración usual, el inventario, el avalúo, la liquidación, la formación de lotes y la adjudicación de los bienes a los herederos.

a) Inventario del caudal relicto

Este trámite, junto con los de avalúo y liquidación, se dirige a concretar el caudal en un conjunto valorado de bienes actuales, limpio de deudas y, por tanto, inmediatamente divisible. En particular, el inventario, a fin de conocer los bienes partibles, relaciona o enumera los que constituyen la herencia describiéndolos en forma que puedan ser suficientemente identificados.

b) Avalúo

Es la tasación o valoración de cada uno de los bienes que figuran en el inventario.

c) Liquidación

Para determinar el activo neto repartible, será preciso establecer cuáles son las deudas hereditarias y descontarlas del activo bruto *(liquidación).*

En la liquidación particional, hay que deducir las deudas particulares del difunto, los gastos de última enfermedad, etc., y los gastos de la partición: asimismo, cuando los haya, los legados. Una vez restadas tales deudas y mandas del activo bruto, queda una cantidad que expresa el valor *líquido* de la herencia: es este valor el que se ha de dividir entre las cuotas de los herederos para formar el *haber líquido* de cada uno, que se va a rellenar luego con los bienes valorados.

Para el pago de deudas, si éste no se hace antes de la partición, se destinan bienes **suficientes** formando un lote o hijuela específico.

d) Formación de lotes

En la partición de la herencia se ha de guardar en lo posible igualdad, haciendo lotes o adjudicando a cada uno de los coherederos cosas de la misma naturaleza, calidad y especie (art. 1061 Cc.). Quiere decirse que en las cuotas, aunque sean desiguales, debe entrar, dentro de lo posible, igual proporción de bienes de cada clase: muebles e inmuebles; acciones y obligaciones; acciones de Telefónica y de Banesto; etc.

e) Adjudicaciones

Consisten en atribuir los lotes a los coherederos de tal modo que el respectivo «haber» quede cubierto y satisfecho.

III. CLASES DE SUCESIÓN

El Derecho permite, en general, que cada persona disponga su propia sucesión: quién ha de heredarle, y bajo qué modalidades y condiciones.

A esta comunicación de la herencia siguiendo las instrucciones de la persona que fallece y es heredada (a la que designaremos con el nombre de *causante*, según se ha visto) se le llama *sucesión voluntaria*, aludiendo a que la herencia se comunica o defiere por **testamento**.

En las normas contenidas en el Código Civil la sucesión se ordena, en principio, por el causante, y sólo a falta de disposición de éste (es decir, si el difunto no había hecho testamento), a los herederos los nombra la ley. Esta es la actual **sucesión legal**, que se limita a intervenir cuando no ha hecho testamento el fallecido, o en aquello a que no alcanza el testamento.

Made in United States
Orlando, FL
04 November 2026

90202160R00120